ソーシャルワーカーが葛藤を乗り越える10のエッセンス

川村 隆彦

中央法規

はじめに

　ソーシャルワーカーがジレンマや葛藤を乗り越える道はあるのだろうか？　この命題と向き合い、道を探すことは、とてつもない高い山を登るようなものだ。そもそも、答えが見つからないからジレンマや葛藤に陥るわけで、そこに理想的な答えなどあるはずもない。しかし私たちは、この山に登ることを決意した。2020年7月、世界中がコロナに覆われ、人々が希望を失いかけていた頃だった。

　当初のタイトルは「戦うソーシャルワーカー」だった。私はこれをとても気にいっていた。理想と現実の狭間で起こるジレンマや葛藤と戦うソーシャルワーカーが、たくさんいることを知っていたからだ。パワーレスに陥っている彼らを力づける必要がある。そのために何を書けばいいのか？　日々が私自身の戦いとなった。

　試行錯誤を経てたどり着いたのは、ジレンマや葛藤に答えを探すのではなく、あらゆる方法でソーシャルワーカーを強めることだった。彼らが強くなるなら、現実を打破し、理想との折り合いをつける力が得られる。そして、その力はクライエントに手渡されるはずだと考えた。

　そこであらゆる理論やアプローチを精査し、人を力づける知識、スキル、価値のエッセンスを抽出していった。戦いが終わりに近づくにつれて、タイトルは「戦う」から「乗り越える」に変化した。それは私たちが、この戦いを乗り越えられたからなのだろう。

　本書の完成に重要だった人物を紹介したい。中央法規出版の編集者、牛山絵梨香氏は、私にジレンマや葛藤という山に、勇気をもって登るようチャレンジしてくれた。そして約1年半、素晴らしい同伴者として、助言と励ましを与え続けてくれた。彼女の力がなければ、本書は完成しなかった。心からの感謝を述べたい。また本書に登場するすべてのイラストは、教え子の成島実優氏に託した。彼女が魂を込めて描いた7人のソーシャルワーカーたちが、たとえ私がいなくなっても、皆さんのなかに生き続けてくれたら嬉しい。

　私は、本書のなかに何層ものベールをかけた。1層目のベールをはがすと、2層目が現れ、それをはがすと次の層が現れる。読むごとに、幾重にも重なるエッセンスを見出すことが楽しみになるように仕掛けた。読者の皆さんが、どの層まではがし、何を理解されるかを楽しみにしている。そのような謎解きを、いつか一緒にできる日が来ることを、希望をもって待ち続けたい。

川村隆彦

本書の全体像

価値基盤を求める

喪失と悲嘆に寄り添う

経験と行動

Active Listening

仲間・居場所をつくる

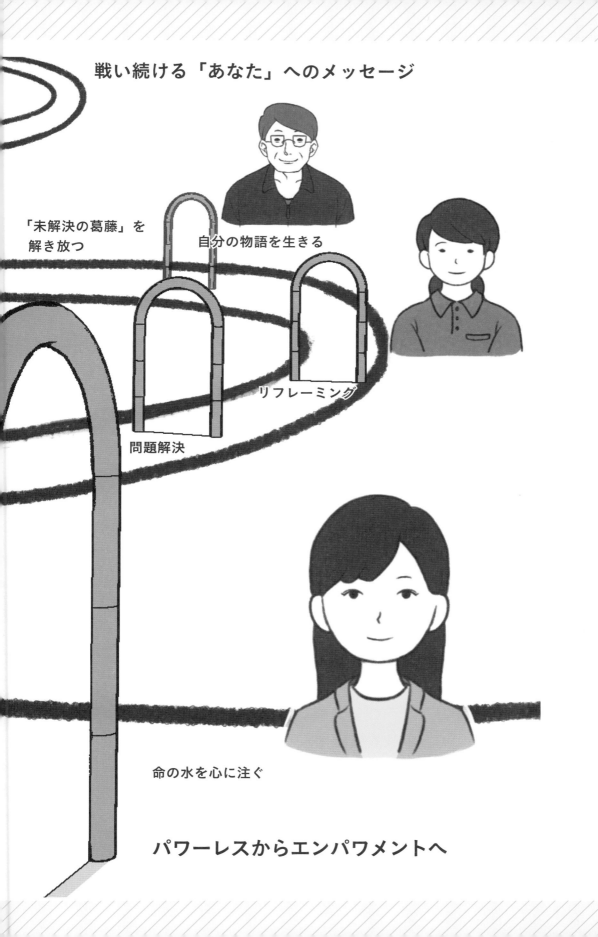

戦い続ける「あなた」へのメッセージ

「未解決の葛藤」を
解き放つ

自分の物語を生きる

リフレーミング

問題解決

命の水を心に注ぐ

パワーレスからエンパワメントへ

ソーシャルワーカーが葛藤を乗り越える 10のエッセンス
―目次―

第3部　戦い続ける「あなた」へのメッセージ

おわりに

著者紹介

第 1 部

············

パワーレスから
エンパワメントへ

理想と現実
—理想と現実を近づけるなら、力を取り戻せる—

原島　＜児童相談所ソーシャルワーカー＞

　大学卒業後、県の障がい者施設に配属され、数年後、希望していた児童相談所へ異動となった。

　虐待やDV、家族問題に踏み込むことは、人生を変えるもの。果たして、私にそのような権利と決断力があるのか？　責任の重さで潰されそうな日々を過ごした。

　虐待された子どもの気持ちはどうなのか？　家族の背景に何があるのか？　知るべきだとわかっていても、生々しい現実から逃げたくなる。それでも、目の前の子どもたちの、声にならない声に突き動かされている。

ソーシャルワーカーは理想と現実の狭間で苦しむ

　原島は、虐待の現場で生々しい現実に打ちのめされている。子どもの最善の利益のために家族を壊し、その子どもを施設へ送る。それが理想でないことはわかっている。しかし、目の前の大切な命を守るしかない。彼女も葛藤する1人だ。

　そして、働く領域は違っていても、あなたも原島と似たような気持ちを感じたことがあるに違いない。

内なる声

　日々、問題と向き合い、ジレンマや葛藤を感じているソーシャルワーカーの内なる声に耳を傾けてみよう。

> ▶ 　最善の解決策をクライエントが選ばない。でも自己決定という、きれいな言葉で逃げたくない…最もよいものを選んでほしいから。
> ▶ 　この地域には、資源と呼べるものはほとんどない。もっと都会に住んでいたなら…。
> ▶ 　住民は敵？　味方？　見えない偏見を感じながら、彼らとの関係形成に奔走する。
> ▶ 　互いの価値観が違いすぎて…どう連携すればいいのか？　十分な話し合いもないま

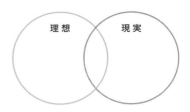

　ま、力関係だけで物事が決まってしまう。

▶　結局、法律や制度が変わらなければ、何も変わらない！　政治家や官僚は、社会的
　　弱者の人権など、どうでもいいのだろう。

▶　効率的、合理的なことがすばらしいという感覚、行政のことは行政が決めるから、
　　専門職は口を出すなという風土…今日も動かない壁を押し続ける。

　こうしたジレンマや葛藤、そこから生じる慢性的な不全感は、ソーシャルワーカーとして、避けることのできない課題なのか？　それとも抜け出す道はあるのだろうか？

理想と現実の関係

　誰にでも求める「理想」と、それを打ちのめす「現実」がある。この２つの関係はとても重要だ。理想と現実の輪を見てほしい。これらが互いに重なれば、それだけ人は自己を肯定し、自信に満ちる。しかし離れれば、自己を否定し、落胆してしまう。

　あなたの理想と現実は、どのくらい重なっているだろう？　あるいはどのくらい離れているだろう？

　　　たくさんの理想があった…子どもが好きで、彼らが大切に養われることを望んでいた。それは私自身が、幼少時代に親の離婚を経験したからなのか…。

　現場で遭遇する現実は、想像以上に厳しかった。暴力を受け、傷つけられ、それでも親と一緒にいたがる子どもを引き離すことに苦しんだ。

　その後、私自身も離婚を経験した。幸福な家庭を築けなかったのに、ほかの家族を修復できるのか？…自信を失う日々だった。

理想と現実を近づける

　理想と現実、この２つを近づけ、重ねる方法が３通りある。その基本形を確認しておこう。

理想を動かし、現実に近づける

　　　　　あなたの理想が、夜空に輝く星のような、決して手の届かないものだとしたら、もう少し身近なものに変えることができる。星に手をふれるより簡単な理想は存在するし、きっと見つけられる。

現実を動かし、理想に近づける

状況や能力を改善するために、忍耐強く努力する。自分がコントロールできる小さなことを選び、改善するまではたらきかけ、成功体験を積み上げる。時間はかかるが、忍耐と努力は確実な方法だ。

理想と現実を互いに動かす

これが最も理にかなった方法だろう。

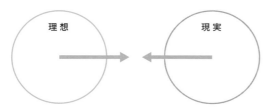

3つの方法のどれを選んでも、**理想と現実が互いに近づけば、それだけジレンマや葛藤は減り、力を取り戻すことができる。**

誰もが理想と現実の狭間で苦しみ、これら2つを、互いに動かすために努力している。しかし、理想と現実を折り合わせることは、実際はとても難しい作業になる。

理想を動かせない心理的葛藤

高い理想をもつ人は、その高さを認識できず、理想に届かない自分にいつも落胆している。「もう少し、身近なものを選んではどうだろうか？」と提案しても、受け入れることが難しい。「なぜ理想を動かせないのか？」と自問を続けたソーシャルワーカーは次のことに気づいた。

「負けだと思った…自分の劣等意識を埋めるために、無意識に高い理想を掲げ、追い込んでいた…そして頑張ることで、誰かに認めてもらいたかった…」

理想を動かせない場合、心理的葛藤がないか、深く考えてみることを勧めたい。

現実を動かせないジレンマ、そして葛藤

現実を理想に近づけるため、ソーシャルワーカーはいつも努力している。クライエントと熱心に話し合い、社会資源を開拓し、ほかの専門職と連携し、あらゆる知恵と能力を結集する。しかし、自分たちだけではコントロールできない、次のような現実に直面する。

□クライエントの曖昧な判断能力　□支援を拒否する家族　□上司の無理解さ
□スーパービジョン体制の不備　□縦割り行政　□連携する専門職の意見相違
□社会資源不足　□法律、制度の壁　□経済不況…

こうした現実を動かすには、多大な時間と労力がかかるため、待っていることができない。結果、理想的な解決はわかっていても、目前の課題を優先しなくてはならず、ジレンマや葛藤の解決は先送りされる。

「現状を受け入れる」しかないのか?

折り合いとは、基本的に理想か、現実か、どちらかを動かすことを意味する。仮にどちらも動かせず、硬直した状態が続くなら「理想を諦め、現状を受け入れる」しか選択肢は見出せず、ジレンマや葛藤は深まる。そしてこの状態が長期に及べば、やがて慢性的な不全感に苛まれ、確実にパワーは失われていく。

「理想などもたず、現状だけを、ありのままに受け入れろ!」

そのように言う実践者もいる。しかしソーシャルワークの価値は、「人権や社会正義を尊び、偏見、差別、暴力、貧困のない共生社会を築く」という理想を、私たちに突きつけている。

叶わない理想は捨て、現状だけを受け入れるなら、次の疑問に、いずれはぶつかることになる。

「果たして、私はソーシャルワーカーなのか?」

私の理想は、星のように手の届かないものなのか? それなら、もっと手の届く理想とは何だろう? 子どもの命を守り抜くこと? 状況や能力を改善するため、忍耐強く努力すること?
家族を修復するために、母親や父親に何を伝えたらいいんだろう? 自分の家庭も上手に築けなかった私に、それができるのか?

理論やアプローチの「エッセンス」に目を向ける

「人」そして「人を取り巻く環境」に横たわる摩擦を和らげ、問題を改善する理論やアプローチは、さまざまな分野の垣根を超えて存在している(ソーシャルワーク、心理学、社会学、ビジネス…)。これらに共通する「エッセンス」に目を向けるなら、理想と現実を近づけ、パワーレスから逃れる力が得られる。例を挙げよう。

あるソーシャルワーカーは、「自分を否定的に見てしまうこと」に悩んでいた。そこで私は次のように助言した。

あなたの脳に「理想の子」と「現実の子」が同居している。「理想の子」は天真爛漫、理想を応援し、たくさんのアイデアを出す。でも「現実の子」は論理的に分析し、「無理だからやらないほうがいい」と冷静な助言であなたを守ろうとする。

2人はぶつかり「理想の子」が打ちのめされている。だからあなたは、次のように話しかけ、この2人を説得する必要がある。

「現実の子よ！　ありがとう。私が失敗しないように、ずっと守ってくれたね。でも心配しないで、私は大丈夫。少し頑張ってみるから、何も言わずに見守っていてね」

「理想の子よ！　ありがとう。私の夢や理想をずっと応援してくれたね。だけど、あれこれ言われて傷つき、元気をなくしてしまった。でも、これからは君の力が必要なんだ」

この不思議なやりとりは、脳のメカニズムを活用した、心理的葛藤を解決するエッセンスの1つだ。同じように試してみるなら、あなたの理想と現実は互いに歩み寄るだろう。

ジレンマや葛藤、そこから生じる慢性的不全感は、ソーシャルワーカーとして避けることのできない課題だ。しかし、理想と現実を近づけ、折り合わせるための「エッセンス」は存在する。

この「エッセンス」に目を向けるなら、あなたもクライエントも、パワーレスから抜け出し、エンパワメントへと向かうだろう。

夢を実現したいと願うとき、現実の子が私に言う。「本当にできると思っているのかい？　難しいから手を出さないほうがいい」

そのとき、理想の子のささやきが、かすかに聞こえてくる。「頑張って！　信じてる。君ならできる！」

ずっとこの2人の声を聴いてきた。そして、どちらかといえば、現実の子に守られてきた。だから理想の子の声は、次第に小さくなってしまった。

理想に近づきたいなら、理想の子を元気にしなくちゃ！　もう一度、純粋に理想を求める、その子の力を手にしたい。

ソーシャルワーカーは、理想と現実の折り合いを助ける

　人生が続く限り、理想と現実の折り合いに終わりはない。あなた自身にも、クライエントにもそれは起こる。時には、解決困難な状況に遭遇し、理想を捨てて進むしかないこともある。

　そのとき、ソーシャルワーカーには、次のような使命と力がある。

□ 理想と現実が離れていることの苦痛、恐れ、不安を聴き、十分に共感する。
□ 理想を諦めることの悲しみに寄り添う。
□ 動かない現実という壁の前に、クライエントとともに立ち、力を込めて押し続ける。
□ 暗い溝に落ち込み、絶望を感じている人々の手を、しっかりと握り、ともに歩く。

　あなたにも理想と現実があり、その狭間で感じるジレンマや葛藤がある。あなた自身が経験し、苦しんできたからこそ、目の前のクライエントの痛みに共感できることを忘れてはならない。

　これからあなたに、いくつかのエッセンスを伝えたい。そのエッセンスを身につけることができれば、理想と現実は近づき、あなたは強くなり、自信に満ちる。それはクライエントにまで、広がっていくだろう。

　　　理想が壊れ、現実を受け入れるしかない苦しみ…それがわかるから、私は子どもたちに寄り添える。そしてそのことが、ソーシャルワーカーの使命ならば、私はそれを求めたい。
　自分自身の本当の姿が見えてきている。私の理想や現実は？　私は日々、何と戦っているのか？　どんなジレンマや葛藤を感じているのか？
　向き合うことで私は、自分のなるべきソーシャルワーカーに近づいていく。

「理想と現実」の窓から何が見えたか？

　原島は、自身の経験をわかち合い、ソーシャルワーカーの理想と現実について問いかけた。あなたは彼女に共感しただろうか？　それとも違う感情をもっただろうか？　どのような気づきでも、自分と向き合うことに役立つだろう。

これからあなたと一緒に、ソーシャルワーカーをエンパワーするエッセンスを見出したい。しかしその前に、「理想と現実の狭間で、ソーシャルワーカーが苦しみ、パワーを失っていく状況」を、きちんと見極めよう。そうすることで、自分を守るためのエッセンスの重要性が、より深いレベルで理解できる。

　そこで、遠回りかもしれないが、次の項目で、「あなた自身」と「あなたのおかれている状況」を可視化する時間をもちたい。

　「あなたの理想とは？」「どんな現実と戦い、何がジレンマで、どんな葛藤を感じているのか？」、しっかりと確かめてみよう。

2 ジレンマ・葛藤・パワーレスを可視化する
—可視化することで、物事は対処可能なものになり、不安が和らぐ—

PROFILE 2

村井　＜医療ソーシャルワーカー＞

　医療では、治療者と患者の立場は対等ではない。そのため、「納得できなくても、我慢するしかない」と無力感を抱く者が多い。私は、治療の選択は、本人が決定するべきだと考えてきた。だから時には、強い言葉で、それを患者に伝えることもあった。

　私自身、かつて目の前の現実を、仕方なく受け入れてしまった1人だ。だから患者が病気と向き合う過程で、打ちのめされる現実も理解している。あのとき、もっと自分の思いを語り、十分に納得したかった！　そうすれば、変えられない現実だったとしても、受け入れ、選ぶことができたはず。

「人（自分）」と「取り巻く環境」に分けて可視化する

　可視化は「人（自分）」からはじめ、その後「取り巻く環境」へと広げていく。

　例えば、田舎町の夜空の下、あなたが懐中電灯を持って立っている姿を想像してみよう。まわりは真っ暗で何も見えず、とても不安になる。そんなとき、まず自分に灯りを向けると安心する。自分のことがはっきりと見えたなら、あなたは灯りを持っていることに気づく。次は、その灯りで道の前方を照らし、自分を取り巻く環境に向かって歩いていこう。

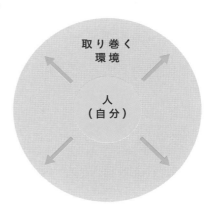

　自分に灯りを向けるとき、抱えている理想や現実、ジレンマ、葛藤、パワーレスがうっすらと見えはじめる。それを言葉にして書きとめるなら、多くの気づきを得るだろう。

若い頃、よくキャンプをした。山間の暗い道を、星を見ながら歩き続けたものだった。

自分の抱いている理想が、もしあの星のように遠いものだとしたら、決して手は届かず、無力感だけが残る…でも理想を高く掲げることは悪いことなのか？それに向かって努力し続けることは、無駄なことなのか？　自分の葛藤の正体を少しずつ確かめてみたい。

PART 1：人（自分）を可視化する

人（自分）を可視化するための5つのキーワード

　ソーシャルワーカーは、**理想**を切望しながらも、**現実**という壁の前に立ち、必死でもがいている。そこでは、いくつもの**ジレンマ**を抱え、**葛藤**に苦しむ。もしこの状態が改善されなければ、やがては**パワーレス**になってしまう。

　次の「5つのキーワード」を言語化し、可視化を進めると、漠然としていたものが明確になる。

> **理想　現実　ジレンマ　葛藤　パワーレス**

理想とは、物事は「こうあるべき」「こうなってほしい」と切望する指針

　誰にでも目指すべき理想がある。宮沢賢治が「雨ニモマケズ」で「そういう者に私はなりたい」と思ったように、あなたにも理想がある。

　妻、夫、母親、父親、ソーシャルワーカー、組織の役職…等、あなたのもっている、それぞれの役割から、理想を思い浮かべてみよう（例えば、ソーシャルワーカーの理想は、人間の尊厳や社会正義を尊ぶことである）。

　理想は主観的な感覚であり、その高低は自分では気づき難い。理想を書き出した後、それが高いか低いか、誰かと話し合ってみるのもいいだろう。

現実は、目の前に存在する動かない事実、状態、理想を阻む壁のようなもの

　現実を直視し、言語化するとき、心の痛みを感じるかもしれない。しかし、言葉にすること

で、カタチのないものが、あるものへと変換される。そこから現実を受け入れる過程が始まっていく。

　現実を変えるには、多大なエネルギーを要する。そのようなことをソーシャルワーカーは、クライエントに求めてきた。だから今度は、彼らの立場になって、現実を言葉にしてみよう。

> 　私は夫、父親、そして医療ソーシャルワーカーである。「どのような困難があっても、最後まで、自分で選択すること」が私の理想だ。
> 　その背景には、大切な人の死がある。あのとき、医療のなかで、変えられない現実を何度も経験した。納得できないことがあっても、我慢し、仕方なく受け入れることばかりだった。その苦しさを二度と味わいたくない。
> 　ただ家庭でも職場でも、まっすぐに自分の理想を貫くことは戦いだ。人にはさまざまな思いがあり、一致することは難しい。

あなたの理想は？　現実は？　言葉にしてみよう。

....

....

....

ジレンマとは、相反する2つのものの板挟み状態

　片方を優先すると、もう片方の利益が損なわれる。しかし、どちらかを選ぶしかないため、理想的な選択ができず、フラストレーションな状態に留まる。こうした状況が続き、解決しない場合、葛藤が深まる。

葛藤とは感情が錯綜した緊張状態

　理想と現実の狭間で、人は多くのジレンマを経験する。また意見や価値の相違により、衝突が起こるが、互いに譲らないため対立が激化する。さらに環境（時間や資源等）の制限も加わり、選択が困難になると、情緒のバランスが崩れ、緊張感を伴う葛藤感情を経験する。こうした状況が続き、解決しない場合、パワーレスになってしまう。

パワーレスとは無力状態

　何かに抵抗するとき、人は多大なエネルギーを消費する。ジレンマや葛藤に陥る場合は、特にそうなり、解決できない場合（そして新たなエネルギーを注入しない限り）、燃料が空になった車のように動きは止まる。パワーレスとは、無力で希望がもてず、止まった状態である。

　自分の専門だけに関心のある医師にいらだつ。患者の話も聴かず、画像だけを眺める。問診もせず、聴診器1つ胸にあてず、ただCT画像だけを見つめオーダーを出す者さえいる。

　そして最後に「何が起こっても不思議はないので、家族と話し合って、心の準備をしておいてください」と脅す。

　患者はモノじゃない。1回、1回の診察に、祈るような気持ちで来ている。彼らの本当の声は、誰がどう受け止めればいいのか？

　今の医療システムは、人の気持ちを大切にしていない！　しかしそういう自分も、患者のためにできることは限られている。そう考えると無力さを感じてしまう。

あなたにとっての「ジレンマ」「葛藤」「パワーレス」を感じた経験を、言葉にしてみよう。

....

....

....

ソーシャルワーカー（SW）の立ち位置からの眺めを想像できるか？

5つのキーワードを言語化したことで、意味は明確になり、距離感や感情も少しずつ可視化されてきた。これらのキーワードを定位置におくと次のようになる。ソーシャルワーカー（SW）の立ち位置からの眺めを想像し、感じたことを言葉にしてみよう。

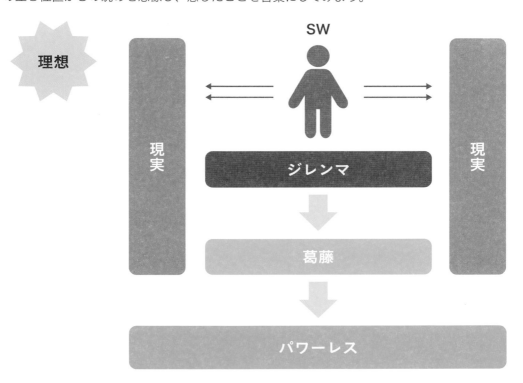

目の前に**現実**が大きく立ちはだかり、**理想**は、遠くのほうに小さく見える。これだと手は届きそうにない。

下を見ると、足元の**ジレンマ**という小さな板きれに乗っている自分がいる。そしてその下には、**葛藤**や**パワーレス**の波が渦巻きながら押し寄せている。もしこれが今の現実の姿だとしたら、あなたは、どんな気持ちを感じるだろう？

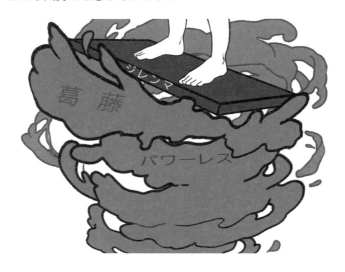

このような場所に立ったとき、あなたの理想はどう見えるだろう？

....

....

....

目の前に迫る現実は、どう見えるだろう？

....

....

....

そこで経験するジレンマや葛藤は、あなたにどのような苦痛をもたらすだろう？

....

....

....

問題が解決せず、助けも得られないなら、パワーレスに陥るかもしれない。あなたの場合はどうだろうか？

....

....

....

人（自分）を可視化すること

自分自身を可視化することから、あなたは何を得ただろう？　もしこれまで以上に、自分と向き合い、「あなた自身」と「あなたのおかれている状況」が理解できたなら、次は、「あなたを取り巻く環境」を可視化してみよう。

PART 2：取り巻く環境を可視化する

全体像をとらえる

人（自分）を可視化した後は、取り巻く環境に目を向ける。そして曖昧にしていたことに灯りを向けてみよう。スタートは全体像をとらえることだ。

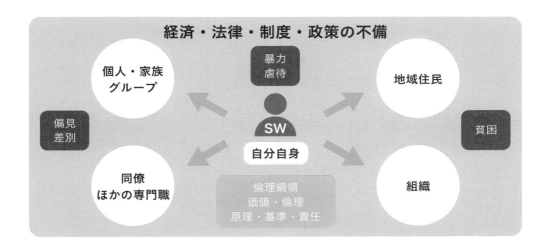

自分自身との関係（セルフ）

ソーシャルワーカーは、「自分自身」を使って仕事をする。だからまず自分との関係をよく知ろう。これまで、理想、現実、ジレンマ、葛藤、パワーレスという５つの項目から可視化してみた。そこで見出した自分の強さ、弱さ、大切にしている価値観、できていること、できていないことを理解したうえで、自分という存在と、さらに向き合ってみよう。

倫理綱領との関係

ソーシャルワーカーの土台には、倫理綱領が存在する。これはセルフからマクロに至る領域で、行動するための「価値」、従うべき「倫理基準」「実践上の指針」として、理想的な行動を促す助けになる。しかしながら、価値観や倫理基準同士の衝突は避けられない。

例えば、「クライエントの自己決定」が、必ずしも「最善の利益」にならない場合、判断が難しくなる。どんなに説得しても、介護サービスを受けようとせず、ごみ屋敷で暮らす高齢者、生活保護を受け、アパートへ入るよう勧めても、それを選ばない路上生活者のこと等が、頭に浮かぶかもしれない。「どうして最善の利益を選ばないのか？」と葛藤は深まるばかりだ。

クライエントとの関係（ミクロ）

ミクロ領域には、基本的なクライエント群（個人、家族、グループ）が存在する。貧困、虐待、暴力、病気、障がい等、生活課題のあるクライエントと信頼関係を形成し、問題を解決するには、意見や価値観の衝突もあり、日々がぶつかり合いだ。攻撃的な、また、助けを求めないクライエントと向き合う場合、とてもエネルギーを費やすことになる。

地域における住民、組織、ほかの専門職との関係（メゾ）

メゾ領域には、住民、組織、ほかの専門職が存在する。ここでは格差や分断、コンフリクト（対立）に巻き込まれやすく、意見調整に妥協点が見えないことがある。また、ソーシャルワーカー同士でも価値観は異なり、一致は難しい。まして、ほかの専門職と連携、協働するには、職業的価値や上下の力関係にも左右され、衝突は避けられない。

本来、ソーシャルワーカーをサポートするべき組織が保身に傾き、協力的でない場合、職員同士の足の引っ張り合いが起こり、内輪での争いが激化する。残念ながら、こうした非生産的な経験がソーシャルワーカーを日々、悩ませている。

経済、法律、制度、政策の不備による不利益の壁（マクロ）

マクロ領域では、経済的な問題、法律、制度、政策の不備が、巨大な壁のように存在し、その結果、貧困、暴力、虐待、あらゆる形の偏見、差別が生まれている。これらに対して憤りを覚えるものの、結局、どうすることもできずに、無力感に苛まれた経験はないだろうか？

これまでに、「取り巻く環境」のなかで経験したことを振り返り、言葉にしてみよう。

....
....
....

私は、理想的なソーシャルワーカーでありたい。しかし同時に、私は組織の一員でもあり、果たさねばならない責務がある。ここにジレンマがあり、葛藤する自分がいる。

同僚は「悩んでも悩まなくても、結局、患者のためにできることは限られており、それをするしかない」と割り切っている。確かにそうかもしれないが、それだと、自動販売機のように、決まったものを切り売りしているだけじゃないのか？

不足や制限の現実を可視化する

　資源や時間の不足、制限が選択肢を狭め、ジレンマや葛藤につながることが多い。実際に、何が不足、制限されているのか可視化してみよう。

　セルフ（ソーシャルワーカー）から始まり、ミクロ、メゾ、マクロ、それぞれの領域ごとの課題を、マップにまとめてみた。これを参考に、あなた自身の事例について書き込んでみよう。

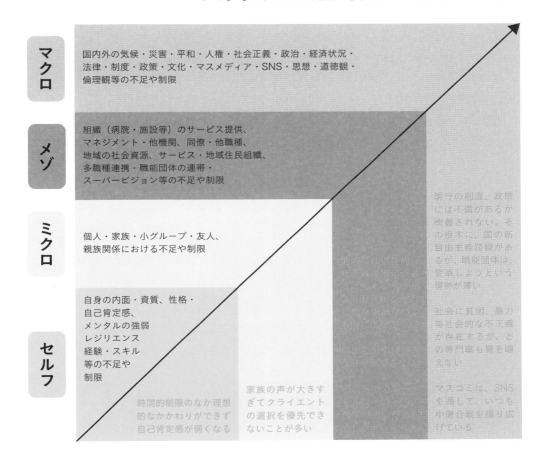

マクロ
国内外の気候・災害・平和・人権・社会正義・政治・経済状況・法律・制度・政策・文化・マスメディア・SNS・思想・道徳観・倫理観等の不足や制限

メゾ
組織（病院・施設等）のサービス提供、マネジメント・他機関、同僚・他職種、地域の社会資源、サービス・地域住民組織、多職種連携・職能団体の連帯・スーパービジョン等の不足や制限

ミクロ
個人・家族・小グループ・友人、親族関係における不足や制限

セルフ
自身の内面・資質、性格・自己肯定感、メンタルの強弱レジリエンス経験・スキル等の不足や制限

現行の制度、政策には不備があるが改善されない。その根本に、国の新自由主義路線があるが、職能団体は、変革しようという情熱が薄い

社会に貧困、暴力等社会的な不正義が存在するが、どの専門職も異を唱えない

マスコミは、SNSを通して、いつも中傷合戦を繰り広げている

時間的制限のなか理想的なかかわりができず自己肯定感が弱くなる

家族の声が大きすぎてクライエントの選択を優先できないことが多い

セルフ	
ミクロ	
メゾ	
マクロ	

不足や制限を解消し、理想の状態に近づけるには、「自分の努力でできること」「ほかの専門職と連携して行うこと」、また「政治的な解決に訴えること」等が、レベルごとに存在する。

そこには、「すぐにでもできること」と「時間のかかること」がある。これらを見極めることで、何に焦点を向けるべきかわかってくる。

取り巻く環境を可視化すること

自分を取り巻く環境を可視化したことで、漠然としていたものが整理され、戦う相手が少しずつ見えてきた。あなたの記憶がまだ新しいうちに、結果を言語化しておこう。

PART 3：結果を言語化する

可視化した結果を言語化する

可視化した結果をまとめる作業に入ろう。あなたのことを正しく理解している人と一緒に話し合いながら、言葉にできれば、適切な助言が得られる。以下に、話し合うための質問例を挙げた。

□ 理想と現実の開き具合——どちらかを動かせるか？　動かせないか？　それはなぜか？
□ 現実はコントロールできるか？　できないか？
□ ジレンマの正体は何か？
□ 葛藤やパワーレスを数値で表すとどのくらいか？

これらの項目を自由に話し合い、また思いめぐらし、言語化することで可視化は進む。自分がどうすればいいのか、何を優先するべきか、気づいたことを、メモしておこう。

	項目	言語化	評価（自己／他者）
人 （自分）	理想		
	現実		
	ジレンマ		
	葛藤		
	パワーレス		

取り巻く環境	項目	関係性	不足・制限	評価（自己／他者）
	セルフ			
	倫理綱領			
	ミクロ			
	メゾ			
	マクロ			

> 私の理想は高い…それは過去の悔しさの裏返しかもしれない。自分がしてもらえなかったから、誰かにしてあげたいと思うのだ。
>
> それでも私は理想を下げたくない。ならば現実と戦うしかない。ただ、1人では、時折、孤独を感じてしまう。もっとソーシャルワーカーの仲間たちと共感し、理解し合いたい。果たして、それは得られるだろうか？　誰か私に力を貸してくれるだろうか？

何が見えたか？

　曖昧なものに灯りを向け、人（自分）と取り巻く環境を照らしてみた。あなたには、何が見えただろうか？

　自分の理想や現実、ジレンマ、葛藤、パワーレスの原因に、灯りは届いただろうか？　またクライエントや同僚、他職種との関係性の真実が見えただろうか？　そこから、現在、どんな制限や不足があるのか？　何を強く求めているのか？　理解できただろうか？

　こうした可視化は、あなたを否定し、責めるために行っているわけではない。あなたが努力してきたこと、うまくできていることに灯りを照らしたいのだ。もし以前よりも、自分自身と取り巻く環境の全体像をつかむことができたなら、もう見えない相手と戦う必要はなくなる。

ありのままの現実に気づく

可視化によって、今はコントロールできない、ありのままの現実に気づくこともある。「悩んでも、自分ではどうすることもできない」と知ったなら、もっているエネルギーを、変えられることに向けたほうがいい。

また、本当は誰が仲間、また敵なのかもわかる。いつも衝突する相手が、実は、本当の意味で仲間なのだと気づくかもしれない。

これまであなたは、「自分自身」と「取り巻く環境」の可視化に取り組んできた。次のステップは、パワーレスからエンパワメントに向かうために、どうしても必要となる８つの力について知ることだ。

3 エンパワメント8つの力
―あらゆるアプローチに共通する「力」の原則―

PROFILE 3

篠崎　＜障がい分野／ソーシャルワーカー＞

　保育士として、発達障害のある子どもやその母親に出会ったことが、人生を方向づけた。懸命にサポートしてきた障がいのある子が、その後、小学校でつまずき、不登校になったとき、本当にショックを受けた。

　「なぜ頑張って生きようとする子どもや母親を、学校は助けないのか？」「障がいをもって生まれたら、一生、疎外されたまま生きるのか？」、やり場のない怒りと悲しさが、さらに障がいのある人々への支援へと近づけた。

　障がいのある人々には、素晴らしい力がある。それを活かせる社会をつくりたい。

パワーレスになるとき、人は肯定的な力を必要とする

　目には見えないが、力は存在する。否定的な力に取り巻かれたことがあるなら、その感覚を覚えているだろう。そのようなときは、跳ね返すために、同じくらい肯定的な力を必要とする。

　綱引きをイメージしよう。度重なるジレンマや葛藤に疲弊すると、手元の綱がどんどん引っ張られ、否定的なゾーン（パワーレスな領域）に引き込まれる。一旦、そこに入ると、確実に力が失われるため、抜け出すには、肯定的な力、つまり「エンパワメント8つの力」を与える必要がある。

エンパワメント8つの力

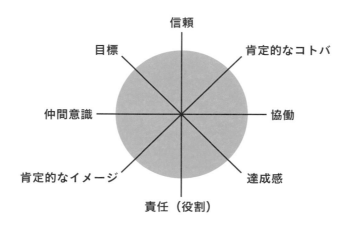

8つの力は、それぞれ対になっている

　「信頼―責任（役割）」「仲間意識―協働」「目標―達成感」「肯定的なコトバ―肯定的なイメージ」、それぞれの力は対になっている。またシステムのように、1つの力が、ほかの力に影響をもたらす。例えば、仲間意識が得られたら、その人を信頼するだろうし、その信頼によって肯定的なイメージも増していく。

PART 1：信頼と責任（役割）⇔　仲間意識と協働

信頼

信頼は前進するための力

　恐れの気持ちに打ち勝ち、前進するために、人は信頼という力を使う。実際、あらゆる場面で、人は自分や他者を信頼しながら生きている。信頼は恐れを克服する力であり、不足すると、人生において前進できなくなる。

　この力は、普段はあまり使われないため、心身の奥深くに眠ったままだ。しかも脳は、私たちを危険から守るため、常にコンフォートゾーン（安全地帯）に留まるよう指示する。その結果、あなたは、失敗するリスクを冒してまで、何かにチャレンジする機会を逃す。それがますます、信頼という力を失わせる。

しかし人は「成功するか、失敗するかわからないが、やるしかない」状況に直面することがある。そういう状況下、つまりラーニングゾーン（学習領域）やパニックゾーン（未知領域）において、人は眠っている信頼という力を使いはじめる。それはあなたのなかに、この力が確かに存在することを実感できる瞬間だ。

　　　大切にしてきた子どもが不登校になったとき、自信を失った。「もっとできることがあったに違いない」と自分を責めた。そして小学校の教師たちへの信頼も崩れていった。自分の至らなさに悩み、子どもと向き合うことにも恐れを感じた。

でも、子どものほうは違っていた。いつも私の腕のなかに思い切り飛び込んできた。そのとき、深く自問した。「どうしてこんなにも人を信頼できるのだろう？」「同じような力は、私のなかにもあるのか？」「私は自分や相手を信頼できるのか？」「どうしたらその力が得られるのか？」

信頼という力はあなたのなかに存在する

今は眠っているかもしれないが、コンフォートゾーンから出て、新しいことにチャレンジするなら、あなたは再び、この信頼という力を実感できる。

子どもたちが幼かった頃、Trust Fall という活動をした。これは高いところに子どもたちを立たせ、後ろ向きに倒れる身体を支えるものである。驚くことに、彼らは何の恐れもなく、私の腕のなかに倒れてきた。そこに完全な信頼を感じた。

授業やワークショップでも同じ活動をしたが、大人には恐れが見えた。ほとんどの人は、支えてくれる人たちを何度も振り返り、倒れるときも膝を曲げて不安そうだった。自分であれ、他者であれ、人を信頼することは怖いことなのだ。篠崎のように、裏切られたという思いがあれば、なおさらのことだろう。

信頼という力は、あなたのなかに眠っている。だからそれを見出し、集めることができる。あなたは、その力をもっと感じ、活用できるようになる。Trust Fall に挑戦した人々は、恐れを感じつつも、やり遂げ、「できた！」と実感したときの表情はさわやかだった。それは「自分にも信頼という力がある」と知ったからだ。

責任（役割）

責任は、信頼に応えようとする力

　Trust Fall の活動にたとえるなら、責任とは、倒れてくる人を支えようと、全力で踏ん張った足や腕に込めた力だ。支えようとする人々を見るたびに、彼らの全身が責任という力でみなぎっていることがわかる。

　確かに、責任が多かったり、重かったりすると、苦しいことも事実だ。しかし、責任を果たそうとする人は、確実に力を出している。果たすべき責任が、何もない人生は楽かもしれないが、もっている力は失われてしまう。

　発達障がいのある子どもとその母親は、私をとても頼りにしてくれた。そのことを感じていたからこそ、応えたいと思った。それは私の責任、役割、いや使命だったかもしれない。
　だからこそ、同じ失敗を繰り返すまいと、小学校の教師たちとの関係を強くすることを決意した。私から呼びかけ、就学前、気になる子どもたちについて話す機会をつくった。そのとき、子どもたちへの思いを伝えられてうれしかった。自分の責任を果たせたと感じたからだ。

責任、役割は必要とすること

　責任は役割とも表せる。人は自分の役割を果たそうとする過程で力を出す。だから、何の責任も役割もないなら「あなたは必要ない」ことと同じ、つまり、責任や役割は「必要とし、必要とされる」ことなのだ。

　あなたが3時間離れた場所に住む人に「どうしても助けてほしい。あなたでないとダメなんだ！」とお願いするなら、きっとその人は来る。しかし「来ても来なくても、どちらでも構わない」なら、目の前に住んでいても、来たいと思う人はいない。私たちは、必要とされるときにこそ、全力で応えようとして力を出すものだ。

　地域でプロジェクトがあり、私はある人物に講話を依頼したが、「家族の予定があるから」と断られた。諦めきれなかったので、何度も訪問し「何とか都合をつけて話してほしい」とお願いしたが、そのたびに断られた。これが最後と思い、次のようにお願いしてみた。

　「あなたは、『走れメロス』の物語を覚えていますか？」（それはいつまでも待っています！

という意味を込めたつもりだった…）。すると彼は言った。

「あなたがもう一度やって来たら、受けようと決めていた。何度も断って悪かった。ぜひ、やらせてほしい」

少し強引な例だが、私は本当に彼を必要としていたし、それを感じた彼は、予定を変更してまで応えてくれた。そこから「本当に必要としている気持ちが相手に伝わるなら、その人は応えてくれる」と知った。

仲間意識（帰属意識）

仲間意識とは友人との絆

仲間意識は、英語では Sense of Belonging で、何かに帰属する感覚のことだ。「私は大切な仲間の一員だ」という気持ちである。シンプルにいえば、友人の存在であり、彼らとの居場所。友人が1人でもいれば、人は強められる。もっと多くの仲間がいて、その一員であると感じるなら、さらに強められ、力が湧いてくる。

私の息子は中学時代、バレー部に所属した。新人戦の朝、真新しいユニフォーム姿で「お父さん、今日、僕ら優勝するよ」と出かけた。

審判のホイッスルとともに、相手チームがサーブをした。そのボールが息子のすぐ前の選手に飛んできた。するとその子は何を思ったのか、突然、ボールをよけた。そのためボールが息子の顔面を直撃し、彼はコートに膝をついた。「とんでもない試合になりそうだ」という予感のなか、試合は進み、結果、ひどく惨めなデビュー戦となった。しかしその後、素晴らしいコーチが選手たちを指導し、彼らは少しずつ力を高めていった。

月日は流れ、3年生、最後の大会の朝、よれよれのユニフォーム姿の息子は、「お父さん、今日、僕ら優勝するよ」と言った。そしてその言葉どおりに勝ち進み、ついに準決勝を迎えた。

相手は強く、点の取り合いのままシーソーゲームが続き、応援に熱が入った。最終セットでアドバンテージをとられたところで、コーチはタイムをかけ、コートに入り選手たちを励ました。その後、彼らはしっかりと円陣を組み、そこから瞬く間に逆転勝利した。

決勝では惜しくも負けてしまった。しかし、最後に整列し、応援席前で涙を流しながら抱き合う姿を見て、誰もが感動し、またうらやましく感じた。なぜなら、彼らに仲間としての強いつながりがあったからだ。

ワークショップでこの話をしながら、よく尋ねる。
「皆さんの職場に円陣を組む相手はいますか？」

本当はみんな円陣を組みたいと思うし、そんな相手がいたらどんなにうれしいだろうと感じている。このような仲間意識を、もっと感じたくはないだろうか？

障がいのある子をもつ親たちには、とても強い仲間意識がある。私の働く法人は、そうした親たちが、私財を投入してつくった組織が母体だ。
　ある親は「自分が子育てでつらかったとき、仲間は、黙っていてもわかってくれたし、そのことに支えられた」と話す。そのような関係をうらやましく思う。
　1人では孤立し、落胆することも多いが、仲間の存在が力を与えてくれる。そのことが、今ではよくわかる。いつか私も彼らの仲間として、円陣に参加できる自分でありたい。

年齢にかかわりなく「仲間意識」は必要不可欠

友人が必要なのは、若い人々だけに限らない。年齢を重ねるごとに、仲間の存在は貴重となる。たった1人の友人の存在が、長い人生を支えることさえある。仲間意識は、すべての年齢の人々に、必要不可欠な力だ。

特に、中高年になるほど、仲間という言葉は遠ざかり、どこにも帰属意識をもてなくなる。だから、年齢の高い人を支援するときには、仲間意識を高めることを考えてみてほしい。

ソーシャルワーカーにも、クライエントにも、これからは、かつてないほど、円陣を組む仲間の存在が必要になる。なぜなら、人がパワーレスになる原因に、孤立、孤独の問題があるからだ。どのようにすれば、人々同士の心の壁を壊し、互いにつながることができるのか？　それが現代に生きる私たちの大きな課題なのだ。

協働

協働とは、何かを一緒にすること

誰にとっても仲間は必要だ。しかし、ただ隣の人と一緒に座っているだけで、自然と仲間になれるわけではない。何かを一緒にすることで仲間になれる。そのために協働がある。

教室でいつも隣同士に座っている学生に、別々に尋ねてみた。「隣の人は友達なの？」。すると両方から「いや、友達ってわけでもないです」と聞かされた。何か月も隣に座っていても、仲間になるのは難しいことだと感じた。

「ではあなたの仲間は誰？　どのように得た？」と尋ねると、共通する答えがあった。それは「一緒に何かを経験してきた人」、特に「苦しい経験をともにしてきた人」。

同じ目標を目指し、協力しながら、苦難を乗り越える経験が、人々に強い絆を与えてきた。若い世代であれば、高校時代の部活、文化祭での実行委員等、何かしらの時間をともに過ごし、一緒に困難を乗り越えることが「仲間」の条件だ。

どんなに小さなことでも、一緒に何かをする経験を増やすなら、仲間との関係が深まる。そして仲間になることで、さらに一緒に何かをしたいと思う。だから仲間意識と協働は対になっている。

　机の上に写真が飾ってある。夜間の専門課程でともに学んだクラスメイトとの集合写真だ。仕事の後、ここで学び、一緒に合格を目指した。
　1つのクラスに、実にさまざまな年齢や背景の人が集まり、互いに眠い目をこすりながら頑張った。ホワイトボード横には「国家試験まであと○○日」と書かれたポスターが貼ってあった。
　仕事をしながらの勉強は大変だったけれど、先生は励ましてくれた。そして、生徒同士も同じ気持ちを共有し、互いの合格を祈った。写真を見るたびに「仲間」「協働」という意味をかみしめている。

回り道でも、あえて一緒に何かをする

協働は簡単ではない。時間も手間もかかる。しかし、それが回り道に見えたとしても、同じ目標を目指して、一緒に時間を過ごすなら、そこで得られるつながりは強くなる。

私はゼミナールで、グループ活動を重視してきた。ここでメンバーたちは、互いが一緒に何かできるようアイデアを出し合う。例えば、ナラティブ・アプローチを学ぶ場合、物語を一緒につくり、それを演じ、映像にまとめた。大切なメッセージをわかち合うときは一緒に歌った。

卒業後、学生たちは、一緒に何かをした経験に感謝を示してくれる。そして、思い出を懐か

しく語り合う。一緒に何かをする経験は、今は、違いが見えないが、時間が経つほど記憶にとどまり、仲間との絆を強くする。

PART 2：目標と達成感　⇔　肯定的なコトバとイメージ

PROFILE 4

和田　＜精神保健福祉士＞

　メンタルヘルスの領域に関心をもったのは、高校のときだった。仲間の１人がうつ病になり、助けようと奮闘したが、結局、何もできなかった。

　もっと専門的なことを知りたいという思いから、大学で精神保健福祉コースを選び、PSW として精神科に勤務した。

　患者や家族からぶつけられる罵詈雑言に耐え、考えがかみ合わない他職種を説得することにも慣れ、最終的に、全部ひっくり返してくる、病院の体制とも戦ってこられたのは、「患者や家族の側に立ちたい！」という純粋な思いがあったからだ。

目標

目標はパワーを生み出す

　大きさにかかわらず、明確な目標はパワーを生み出す。人は目標に意識を向ける過程で、自らの力を集め、それを活用するからだ。個人の目標に加え、チームの目標があれば、さらに仲間と一致して協働する原動力となる。

　自分のニーズを満たすことも大事だが、誰かのために貢献できる目標があるなら、達成できたときの喜びも大きい。年齢にかかわらず、目標は人生における生きがいにもつながる。

　クライエントに目標を求める場合、ソーシャルワーカー自身が、先に自分の目標をもち、その大切さを実感しておくべきだ。また目標は具体的なものが望ましい。一定の期間、努力すれば達成できるもの、そして達成したことが明確にわかるものがいいだろう。

　高校時代、ラグビー部での生活で、One for all, All for one の精神を大切にするよう教えられてきた。しかし、職場の現実は逆で、自分のことしか考えていない集団に見えた。一度、全員をグラウンドに集め、みんなで走っ

たなら、どんなに一致できるだろうとさえ思った。そんな自分を助けてくれたのが、勉強会だった。これがなければ、とっくに潰れていた。

　この会には、真剣さと一致があった。いろんなことを話し合い、励まし合った。このような集まりを、今、苦しんでいる新人たちのためにつくれたらと思う。

チームのなかで、自己ベストという目標をもつ

　たとえ目標をもっていても、1人だけで目指すのは孤独だ。そのようなとき、助けとなる仲間がいれば、チームとして目標を共有できる。あなたの仲間は、あなたの目標を知り、努力を認め、励ましてくれるだろう。このような環境のなかで、あなたは自分のベストを尽くせるようになる。

　陸上チームは、団体でありながらも、個人競技の色合いが濃い。戦う相手は、当然、同じレースで走る選手たちだが、同時に、彼らはタイムとも戦っている。よく「自己ベスト」という言葉を使うが、これは彼らのもう1つの目標でもある。

　わずか1秒に満たないタイムを縮めるため、選手は、朝夕走り、休みなしで孤独な練習を続ける。そして成果を試すために大会に参加するが、どんなに頑張っても、また、まわりがどんなに応援しても、自己ベストを超えられるとは限らない。半年、走り続けた結果、遅くなる場合すらある。タイムがすべてであり、「走り方がきれいだった」などの評価はない。こうした厳しい環境だからこそ、彼らは自己ベストという目標を超えるために、力を出し切ろうとする。

　「自己ベストを超えなかったなら、努力に意味はないのか？」という問いかけには、きっとそれぞれの答えがある。しかし少なくとも、目標をもったことを後悔する者はいないだろう。

達成感

目標を達成したときに感じる特別な気持ち

　物事を達成したとき、人は自己肯定感や有用感、自分が成長できたという満足感を覚える。1人だけではなく、チームで仲間と一緒に経験する達成は、さらに大きな喜びとパワーをもたらす。目標や達成感は、スポーツの世界に限らない。どの分野であれ、目標に向けて努力を傾け、達成できたときの気持ちは同じだ。

目標をもつ人だけが感じるもの

　中途障がいを抱えた女性は、突然、歩くことが困難になった。彼女にとっての目標は、自分

の足で、ほんの10mに満たない距離を歩くことだった。最初は、立ち上がることさえできなかったが、少しずつ努力した。夫がいつも付き添い「春になったら、一緒に桜を見よう」と励ました。

　春が来て、10mを自力で歩けたとき、彼女は大きな声で泣いた。そこはオリンピック会場でもないし、どこかの劇場でもない—誰も知らない、普通の道路端。しかし、彼女と夫にとっては、大きな達成を感じた特別な場所になった。こうした気持ちは、彼らが目標をもったから感じられたことを覚えておこう。

　　恩師から、「目標だけはもち続けろ！　そして死に物狂いでやりとげろ！」と激を飛ばされ、鍛えられてきた。だから目標に至るまでの苦しい道程と達成したときの感動が、心身に刻み込まれている。
　だから、職場で「目標」をもてない人々を見ると愕然とする。クライエントや同僚たちと、目標を達成したときの、あのすばらしい気持ちを、どうしたら感じることができるのだろう？

達成感と成功体験——効果の法則

　目標に向かって努力し、達成できたときの喜びを、あなたは覚えているだろうか？　それはきっと、和田のように、あなたの心身に「成功体験」として刻まれている。

　行動理論の「効果の法則」では、「うまくできたことは繰り返し、失敗したことはやらなくなる」。和田は、以前の気持ちを、もう一度自分でも感じたいし、ほかの人とも共有したいと切望した。それは効果の法則からくるものだ。

　「これまで一度も自分の目標を達成したことがない」と話すソーシャルワーカーと会ったことがある。彼は、クライエントやほかの人々には、目標や達成感の大切さについて伝えてきた。しかし本心では、自分がその達成感を知らないことに、うしろめたさを感じてきた。

　その後、彼は大学院で学び直すという目標をもち、何年も努力した。仕事や子育てをしながらの勉強は大変だったが、達成できたとき、清々しい表情で言った。

「初めての達成です。私は、この気持ちをずっと感じてみたかった！」

　目標をもち、努力し、達成感を得るというプロセスを、あなた自身、感じる必要がある。もし感じたことがなければ、これから経験すればいい。たった一度でもいい。達成できた経験は、あなたに自信を与える。効果の法則は、小さな達成を繰り返すごとに、あなたの心身に喜びを刻みつけてくれる。

肯定的なコトバ

肯定的なコトバには力がある

　「コトバ」には、言語、非言語の両方の意味、肯定、否定、両方の力が含まれる。私たちは「コトバ」によって、人を励まし、助け、自信を与え、心を開き、癒すこともできれば、ナイフのように傷つけることもできる。

　肯定的なコトバは、根拠なく褒めることとは違う。相手が努力していること、またその結果に対して、肯定的な見方から、正確なフィードバックを行うことである。

　10個のうち5個達成できたとき、クライエントは5個の失敗を見つめるかもしれない。しかし、5個の成功について、正しく評価するよう促すことができる。肯定的なコトバは、嘘やお世辞ではない。心ないうわべだけのコトバは、相手に伝わらないばかりか、かえって傷つけることになる。

　　　メンタルな悩みをもつ人はコトバに敏感だ。それは家庭や学校、社会でたくさん傷ついてきたからだ。
　　　クライエントの1人は、有名大学を卒業し、一流企業に就職した。しかし仕事でミスをしたとき、「今まで何を学んできたんだ！」と叱られ、会社に行けなくなった。
　　　それは彼にとって、心をえぐられるコトバだったのだ。
　　　この経験から、「コトバで傷ついた人は、コトバで癒すしかない」と考えるようになった。

非言語の影響力

　非言語（バーバル）には、話し方、口調、表情、仕草、ボディランゲージ、また肩に触れる等のタッチングも含まれる。コミュニケーションにおいて、これら非言語がもつ影響力は非常に大きい。

　同じ言語情報でも、口調や表情、意味をどう伝えるかが重要だ。和田はラグビーでの経験を次のように話した。

　「コーチや先輩から、ずいぶん叱られたが、そこに否定的なものは感じなかった。声は大きかったが、真剣に考えてくれているというメッセージがつまっていた。そこから何を言うかではな

く、どんな意味やメッセージを込めるかが大事だと理解した」

2020 年に起こった新型コロナウイルスによるパンデミック
は、あらゆる人間関係に影響を及ぼした。人々はマスク姿で互
いに距離をおき、飲食や会話を慎み、画面越しにコミュニケー
ションをとるようになった。

今後、以前のように握手やハグをし、互いの感情を伝え合う
ことができなくなるかもしれない。悲しむ者を抱きしめたり、
泣いている子どもたちの背中をさすったり…そのような失われ
た非言語の愛情表現を、今後、どう補うのか、深く問われてくる。

肯定的なイメージ

自己イメージの形成と密接につながっている

肯定的なコトバは、肯定的な自己イメージ、否定的なコトバは、否定的な自己イメージをつ
くる。特に、経験した出来事とコトバが結びつくとき、強力な自己イメージが完成する。

だからクライエントの小さな達成に対して、肯定的なコトバでフィードバックするなら、そ
れらはすばらしい記憶として脳に刻まれ、肯定的な自己イメージとして、生涯、人生を支える
土台を築く。

肯定的な自己イメージは、「自分はどのような人間なのか？」を問う自己概念（Self-Concept）
に近い。クライエント中心アプローチをつくったロジャーズ（Rogers, C.）は、この自己概
念と現実経験とのズレこそが、不安や不適応の原因であるとし、どのように自己を一致させた
らよいかを教えた。

ロジャーズは、温かな関係性（受容、無条件で肯定的な関心）を提供することで、自己概念
を柔軟に変化させ、現実の経験と一致させることができると考えた。彼のいう温かな関係性こ
そ、肯定的なコトバの本質だ。

> 否定的なイメージは、上書きできる。その鍵は経験だと確信している。クライエントは、悲惨な経験をしてきたことで、否定的なコトバに敏感で、傷つくことを恐れている。
> だからこそ「うまくできた！」「誰かの役に立った！」「自分には力がある！」という経験が必要だ。そしてこの経験が、過去のトラウマを上書きするに違いない。小さな出来事でもいい。どうしたら肯定的な経験になるのかを考えたい。

経験した直後にコトバを伝える

逆上がりが苦手な女の子がいた。クラスで最後までできなかった。放課後、残って何度も練習した。先生が隣で助けてくれてもなかなかできない。一生懸命努力した結果、初めて逆上がりができた。

宙が回ったその瞬間、先生が言った。

「すごいじゃないか！　覚えておきな。これは世界で1番すばらしい出来事だよ！」

この言葉が、肯定的なイメージとして脳に刻まれた。

大人になった彼女は、ある日、小学校の脇を通り、鉄棒を目にした。そのとき、記憶が起動し、次のように考えた。

「ああ、また思い出した。あの日、私は世界で1番すばらしい出来事を経験したんだ」

もしあの日、「なんだ、やっとできたのか、お前がクラスで1番、最後じゃないか」と言われていたら、彼女の自己イメージは、否定的なものになっていただろう。同じ出来事であっても、経験した後、どのようなコトバをかけるかが分かれ道となる。

大切なことは、クライエントが経験した直後に、肯定的なコトバを伝えること。その瞬間、経験とかけたコトバがつながり、強い肯定的なイメージが脳に刻まれるからだ。

8つの力は、それぞれ関連し合っている

パワーレスになったとき、人を力づけ、前進させる「エンパワメント8つの力」をとりあげた。改めて全体を眺め、個々の力同士の関係性についても学んでおこう。

これらの力は、システムのように、はじまりはどこであっても、ほかの力に波及し、互いに影響を及ぼし合いながら、拡大していく。

エンパワメント8つの力

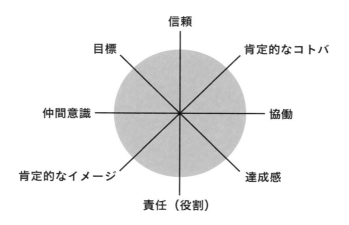

　長い間、引きこもりを経験した若者は、支援者からの肯定的なコトバにより、励ましを受け、何か自分でも目標をもちたいと思っていた。そこに自身の経験を「学生のために話してほしい」という要望があり、早速、準備し、実施した。

　この若者の話を聞いた学生たちは、「とても感動した」と告げた。すると彼は、その言葉に強められ、達成感を覚えた。その瞬間、自分にしかできない役割があることも実感できた。

　これがきっかけとなり、若者はもう一度、働いてみる決意をした。同じ引きこもりの仲間同士、一緒に訓練を受けたことで、さらに絆も深まった。就職が決まり、働いている自分に対して、肯定的なイメージをもつことができている。そして、これらすべての経験が、この若者の脳に上書きされていった。

　エンパワメントの1つの力は、確かにほかの力に影響をもたらし、その人のなかで循環し、大きな力へと拡大（エンパワー）していく。

8つの力は「体感すること」で脳に記憶される
　本来、力は、言葉だけで理解、共有するものではなく、経験を通して、つまり心身を通して、脳に記憶されるものだ。そして一旦、収めることさえできれば、必要なときに、いつでもその記憶を取り出すことができる。

　「レモンや梅干しを食べたことがありますか？」と質問するなら、すでにあなたの記憶の扉が開かれ、それらをイメージするより早く、口のなかが酸っぱさに反応し、唾液がたまってくるだろう。

　あなたの脳には、これまでの経験がいくつも記憶されている。だからどうしても必要なとき、

あなたはそれを取り出すことができるのだ。

エッセンスを学びはじめよう

　1部を読み終えたあなたは、ここまでで、何を感じ、考えただろう？

　2部では、あなたが、さらに葛藤に向き合うための「10のエッセンス」を準備した。1部で学んだことを意識し、このエッセンスを学ぶなら、あなたは、新しい力を感じることだろう。

　真夏、アメリカ西部、グランドキャニオンでキャンプした後、私、妻、長女の 3 人は、東部、ニューヨーク州に向けて車を走らせた。大学院でソーシャルワークを学ぶためだった。700 ドルで買った車のエアコンは効かず、窓を開けたまま、ひたすら走った。妻は離乳食をバックドアガラスの近くで温めながら、「レンジがなくても大丈夫だ」と笑っていた。まだ 30 代、お金も仕事もなかったが、希望をもっていた。目指すべき場所を知っていたし、そこに少しずつ近づけばいいと考えていた。

　人生もこうした旅に似ている。私たちは、自分がどこへ向かっているのか、深く考える必要がある。たとえオンボロ車で、1 日に数 km しか走れなくても、方向さえ間違っていなければ、いつか必ずたどり着くからだ。コロラド山脈を抜け、ネブラスカのトウモロコシ畑を過ぎて、進み続ける旅では、さまざまな経験をしたが、それでも目的地、目標に向かっていることを知っていたので、心は穏やかだった。

　夜、車を走らせるとき、遠い先ではなく、目の前の数 m 先を照らしてくれるライトを頼りに前進した。今、見えているところをしっかりと見つめ、それを頼りに、見えない先に進んでいく。もし真っ暗な闇を見ていたなら、怖くなって進めなかっただろう。人生も同じだ。自分の前を照らすライトに映る理想と現実を、しっかりと見ながら、勇気をもって進むなら、ライトはその先を常に照らしてくれる。

　私たちは本当に何ももっていなかった。必要最低限の家財道具と中古のギターと友人から預かった 1 人の人物の電話番号だけだった。それでも陽気に旅を楽しんだ。窓に映る景色を喜び、豪雨や雷に震え、車の故障にも泣いた。でも旅のすべてを楽しんだ。

　ナイアガラの滝を見た後、友人からもらった電話番号の主に連絡して、これから大学で学ぶことを伝え、「今晩、泊めてくれないか？」と尋ねた。見ず知らずのアジア人からの電話に、さぞ驚いたことだろう。しかし、彼ら家族は、私たちを家に泊めただけでなく、私の行く大学の教授を紹介してくれた。

　ハンズ・ポールサンダーというドイツなまりの英語を話す教授は、私が先に大学に送っておいた山のようなダンボールを、腕まくりして、アパートまで運んでくれた。彼の奥さんのネヴィーは、病気になった娘を病院に連れて行ってくれた。彼らは、私が卒業するまで、ずっと気にかけ、何度も食事に招待してくれた。彼らのおかげで、アメリカでの大変な生活にも耐えることができたのだと思う（後半へと続く）。

第 2 部

葛藤を
乗り越えるための
「10のエッセンス」

1 命の水を心に注ぐ
―クライエント中心アプローチ・交流分析―

水口　＜地域包括支援センター／ソーシャルワーカー＞

　幼い頃、両親が忙しく、祖父母の家で過ごした。夏休みに畑でスイカを収穫し、一緒に食べたことが思い出だ。

　高校生になる春、祖父が急逝し、残された祖母は認知症がひどくなり、次第に、私のことさえわからなくなった。その祖母も、私が高校を卒業する姿を見ることなく他界した。

　両親の勧めでアメリカに留学し、高齢者への認知症ケアを学んだ。最後まで、住み慣れた自宅で暮らすことは可能だと知った。大好きだった祖父母への恩返しのつもりで、日々、高齢者と向き合っている。

STEP 1　エッセンスを見出す

命の水は足りているだろうか？

　人は生きるために「命の水」を必要とする。心がその水で満たされるなら、あなたは元気になれる。そして自分や他者を強めることができる。しかし、水が不足するなら枯れてしまい、力が弱まる。心をみつめ、静かに自問してみよう。「私の命の水は足りているだろうか？」

　あらゆる年代、性別、抱える問題にかかわらず、人を強める最も重要な方法は、「命の水を心に注ぐこと」だ。では「その水の正体は何か？」「どこで手に入れ、どのように満たせばいいのか？」。その鍵は、ロジャーズ（Rogers, C.）の「クライエント中心アプローチ」やバーン（Berne, E.）の「交流分析理論」に見出せる。

温かな人間関係

　植物は、水、太陽、土壌等、条件が整えば成長する。同じように、人は「温かな人間関係」

があれば、成長していける存在であるとロジャーズは教えた。そのために彼があげた条件は、「ありのままを受け入れる」「無条件で、肯定的な関心を与え続ける」ことだった。

こうした「温かな人間関係」が、理想の自己イメージ（自己概念）と現実体験のズレを一致させるはたらきかけ（自己一致）となる。つまり理想と現実を近づけるということだ。

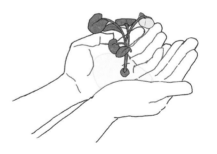

ロジャーズのいう「温かな人間関係」は、命の水である。人は、この水を心に注ぐ限り、精神的に満たされ、成長を続けることができる。

祖父母の畑から、たくさんのことを学んだ。ジャガイモを植えるときは、土を耕し、肥料をやり、草を刈った。暑い夏には、水やりもした。そうすることで苗は大きく成長し、収穫できた。こうした体験が、人を養うための大切な原則だと理解できる。
　人はいくつになっても、ありのままを受け入れ、思いやりや関心を示してほしいのだ。祖父母が私にくれた笑顔を今も思い出す。あれこそがロジャーズのいう温かな人間関係だった。

ストローク──「存在を認める」

交流分析理論のストロークは「相手の存在を認める」はたらきかけであり、「あなたは、ここにいてもいい」という安心感をもたらすメッセージだ。

赤ちゃんは、抱っこ、おんぶ、さする、なでるなどの、身体的ストロークを受けながら成長する。その後も、褒められ、笑顔を向けられ、言語、非言語でのコミュニケーションを通して、精神的なストロークにより養われる。これらは「命の水」である。

人はこの水により、存在を認められ、心に栄養を与えられ、豊かに成長していける。命の水とは、「無条件の愛」「思いやり」「他者から受け入れられること」「誰かと気持ちを十分に共感し合えること」であり、「心を満たし、精神的な満足感を与えてくれる刺激」である。

私たちは、いつも誰かとコミュニケーションをとりながら、あらゆる場面で、このような水を集め、また交換しながら生きている。

パワーレスになると、心が飢え渇き、自分を満たしてくれる「命の水」（以下、水）を探し求める。これは当然のことだ。しかし、人間関係が希薄な社会で、水は簡単には得られず、乾ききってしまう。そうなると「汚れた水でもいいから満たしたい」という気持ちになり、ゲームが始まる。

ゲームとは、自分や相手を否定し、傷つけることで、汚れた水を集める、巧妙、かつ歪んだ駆け引き。

「このまま相手の誘いに乗り、言い争っても、結末はいつも同じ」

わかっていても突き進み、後味の悪さ（汚れた水）で心を満たす人。相手の欠点を探し、激しく否定することでしか、自分を肯定できない人。「自分など、取るに足らない存在だ」と卑下することで、相手を褒める人。何を助言しても「でもそれは難しい」と返し、結局、助言する人を役立たずにしてしまう人。大騒ぎして周囲を論争させる人。彼らはすべてゲームの達人だ。

結局、ゲームとは、汚れた水のやり取り。かかわる人々の健康を害し、大切な関係性を破壊する。この行動の根本的な原因は慢性的な水不足—つまり心が空なのだ。

このような人々は、さらに水不足になると、心を代用品で埋めようとする。仮にアルコールや薬物等、依存性のある物質で満たそうとするなら、あなたも周囲の人々も苦痛を経験する。

今、自分や相手を傷つけ、汚れた水を集めているのなら、大切なことを思い起こそう。解決方法は、誘われてもゲームに乗らず「水を心に注ぐこと」なのだ。

なんと多くの人々が、水不足に苦しんでいることだろう。彼らは、ゲームに走り、代用品に依存し、困難を経験している。そのことを思うと、とても悲しい気持ちになる。
私たちの日常には、ソーシャルメディアが洪水のように行き交っている。人々がこれらに多くの時間を費やすのは、乾ききった心が、水を求めて、さ迷っているからなのか？

「水」を気にかけよう

人々の問題の多くは、水不足と関係がある。だからソーシャルワーカーは、自分自身とクライエントの水を常に気にかけ、不足の兆候に気づいたなら、すぐに水を注がなくてはならない。

STEP 2 エッセンスを感じる

コップと水の量を可視化する

「命の水」を溜める「心のコップ」のカタチや大きさはさまざまだ。ある人は、大きなコップにたっぷりの水が必要だが、小さなコップに、わずかな水でも生きていける人もいる。ただ、どのコップにも穴が開いているため、水は減っていく。そうすると、人は不足感を覚え、水を切に求める。

あなた自身の心のコップを描き、大きさ、形、穴の開き具合、水の漏れ具合をチェックしてみよう。今、あなたのコップに、水はどのくらい入っているだろう？

	例	あなたのコップ
大きさ・形 水の量		
穴・水の漏れ具合	小さな穴がたくさんある 水は1週間でなくなる	

大きさやカタチについて、誰かと比べて、不安になる必要はない。それは、あなただけが受け継いだ大切なコップ。これから一生付き合うことになる。

ただあなたは、そのコップを、これまで以上によく知る必要がある。そして空にならないように、いつも気にかけ、水を注ぎ続ければいい。

そして、ほかの人に会ったときも、彼らの外見ではなく、コップや水の量を見よう。相手の心の状態が見えるなら、不足に気づき、水を注ぐことができる。

水の量と状態を気にかける

水の残量に応じて、あなたの状態が、どのように変化するのか、1週間、観察してみよう。朝起きて、水の量、そのときの状態（感情、考え）を記録する。夜、寝る前に、再度、記録する。そうやって1週間続け、水の量の変化が、自身の状態に及ぼす影響を理解しよう。

		水の残量	感情
月　　日	朝　　60%		不安は少しあるが、ごく普通の感覚。疲れはあるが、前向きに頑張れる。
	夜　　30%		だいぶ消耗感がある。疲れて、早く休みたい。少し後ろ向き。

　　日々の水の量が、自分の状態にどう影響するのか、しっかり理解することが大切だ。それは自分のためだけじゃなく、クライエントのためでもある。
　　水の量に常に意識を向け、もし不足しているとわかったなら、躊躇せず、大切な人々から、たっぷりと注いでもらうほうがいい。

注ぐべき水を見極め、実際に感じる

　自分に注ぐべき水を見分けることは、難しい作業だ。1つひとつ選び、実際に試してみて、肯定的な感情や力を感じておくとよい。本当に純粋な水とそうでないものを見極める感覚を養おう。

　命の水は、あなたを高め、よいイメージをつくる。また、あなたを満足させ、心の渇きを癒す。家族や夫婦間の愛情、友人間の思いやり、信頼する人との共感、彼らからの賞賛や評価は、注ぐべき水だ。

　人間関係から、思うような水が得られない場合、自然の風景、山や海、木々や花、あなたを高めてくれる芸術、物語、音楽などにも、たくさん見つけることができる。また、努力の結果、得られた達成感なども助けになる。これらはあなたを高め、心に永続する、素晴らしい気持ちを感じさせてくれる。自由に試し、記録してみよう。

試してみた項目	結果・効果
家族・夫婦間の愛情／友人間の思いやり	例　友人にじっくり聞いてもらったことで、心に慰めを感じ、水が満ちた。
信頼する人との共感／賞賛／評価	
自然の風景	

芸術／物語／音楽	
達成感	

　　橋本さんは、昨年、奥様を失くし、心が空っぽになってしまった。彼にとって、奥様だけが、唯一、水をくれる人だったのだ。
　　橋本さんにとって、「命の水」とは何だろう？　少なくとも、毎晩飲んでいるお酒ではないはずだ。

危険な代用品に気をつける

　否定的な水は代用品に過ぎない。その場限りで、結局、すぐに乾いてしまう。またあなたを依存的にし、最終的には、自分や周囲を傷つける。

　時間をかけて、静かな場所をゆっくり歩き、何が自分にとって危険な代用品なのか、注意深く考えてみてほしい。見分ける目をもつために、あなたが信頼している人に尋ね、話し合ってもよい。

　SNS が肯定的な水かどうかは、熟慮が必要だ。Instagram が映し出す理想は、切り取られたものであり、真実ではない。そのような他人の理想と自分を比べ、落胆することが多いなら、それはあなたにとって、否定的な水となるだろう。

STEP 3　エッセンスをスキル化する

何が「命の水」なのか？

　人によって、感じ方や受け止め方はさまざまだ。仮に、命の水が「愛や思いやり」だとすれば、あなたは、どんなことをしてもらったら、それを感じるだろう？　実際に、私がかかわった夫婦の例をあげる。

　夫にとっての愛や思いやりは、手をつないだり、肩を抱いたり、親密な身体接触だった。ところが、妻にはそのような態度がみられない。そこで夫は「あなたは私を愛しているのか？」と尋ねた。

　妻は驚き、「もちろん愛しています。だからこそ毎日、心を込めて食事をつくっているじゃない」と答えた。彼女は相手のために食事をつくることで、愛を表現していた。そして残念な

ことに、夫はそれを愛だとは感じていなかった。

「愛や思いやり」という水は、確かに、人に力をもたらすエッセンスだが、どのようなカタチにして届けるかが大切だ。あくまで相手が、何を「命の水」だと感じるのか、よく知っておく必要がある。

できるだけ多くの知人（家族、友人、仕事仲間、クライエント、その他）に尋ね、何が彼らの「命の水」なのか、確かめるなら、具体的なスキルがイメージできる。次のように尋ねてもいいだろう。

「あなたが、愛、思いやり、喜び、共感、賞賛、感動、達成等、よい感情やイメージを得たいと思うとき、誰と（あるいは1人で）何をしますか？」

　　奥様が元気だった頃、橋本さんたちは、一緒に山に登ったり、湖に行ったりしていた。「自然は、何もかもすっぽりと包んでくれる」そう笑っていた姿を思い出す。きっと、自然が好きで、そこから命の水を得ていたのだ。もう一度、橋本さんに、山に登ってみることを勧めるのはどうだろう？

水を注ぐ「4つの流れ」を知る

ゲームを行っているクライエントに「命の水」を注ぐためのスキルは「4つの流れ」をたどる。

1. 命の水を注ぐ
2. ゲームを止めるよう促す
3. コップや水の量を可視化する
4. 命の水を注ぐ

ゲームを行っている場合、本人も周囲も、すでに汚れた水を溜め、傷ついている。彼らは、そのゲームが有害であることに気づき、止める必要がある。しかし、人は、慣れ親しんだ、水の獲得方法をあきらめない。

そこで先に、命の水をたっぷりと注ぐ必要がある。その後、ゲームを止めるよう促す。それからコップや水を可視化し、自分の状態に気づけるようにする。そして、また水を注ぐ。この流れを継続して繰り返す。

長男がギャンブル依存のため、生活が破綻寸前の高齢夫婦に会った。短期的には、あらゆる対処方法を提供する。しかし、長期的には、この状態から抜け出すために、彼に「命の水を注ぐ」必要を訴えている。

　長男が、注がれた水を心から味わい、それが幸せであると感じるなら、代用品では満足しなくなる。もちろんそこに至るには、脳に刻んでしまった誤った満足感を、上書きするための長い時間と労力がかかる。

振り返ってみよう──「命の水を心に注ぐ」

　ここでとりあげたエッセンスは、あなたに、どのような力を与えてくれただろう？　気づいたことを書き記してほしい。

　ジレンマや葛藤を抱え、パワーレスになるとき、あなたは、これらのエッセンスを、どのように応用できるだろう？

エッセンスがあなたに与えた力	どのように応用できるか

2 仲間・居場所をつくる
―マズローの人間心理学・アドラー心理学―

北原　＜NPO法人代表＞

　大学の教壇に立っていた頃、いくつもの失望があった。ただそのことは、あまり口にしたくない。

　その後、教育から降りて「路上生活者を支援する団体」を立ち上げた。今も卒業生たちに声をかけ、一緒にホームレスの炊き出しに行く。「苦しむ者を見過ごしてはならない」。そのことを、覚えておいてほしいからだ。

　たとえ劣悪な環境や人間的な弱さがあっても、仲間がいることで生き抜く強さをもてる――そういう社会を、若い世代に残してやりたい。

STEP 1　エッセンスを見出す

仲間・居場所はあっただろうか?

　これまであなたは、誰と心を通わせ、どのような人々に帰属してきただろう?　現実に打ちのめされ、葛藤に苦しみ、パワーレスになったとき、あなたを力づけてくれた仲間や居場所はあっただろうか?　こうした質問に対して、誰かの顔をはっきりと思い出せるなら、あなたは幸運な人々のなかに入っている。

「たくさんの知り合いに囲まれていた…でもそこに帰属しているとは感じなかった」
「信頼する仲間を切に求めていた…だけどそれを見出すことは簡単じゃない」

　こうした言葉に驚きはない。私にも同じように苦しんだ時期があったし、これまでに出会ったクライエント、ソーシャルワーカー、学生たちも、そのような経験を話してくれた。あなたはどうだろう?

　人は生涯、他者とのつながりを探しながら生きる。「誰かがもっと私を理解してくれたなら…」「私を受け入れてくれる場所はあるのだろうか…」。こうした心の底から湧き上がる気持ちを満

2

たす「仲間・居場所」、そして「帰属意識」という人生課題について考えてみよう。

仲間・居場所──命の水を豊かに交換できる港

　「命の水を心に注ぐ」ことが重要だと伝えた。では、あなたは心が渇くとき、どこで、誰から、その水を得るのだろう？　家族？　それとも友人？　いつでもあなたに、水を注いでくれる人々、そして彼らと一緒に集まる場所──それが「仲間・居場所」だ。

　そこでは、あなただけが、水を得るのではない。あなたも、ほかの誰かのために水を注ぐ。仲間同士の水の交換は双方向。そうした対等で親密なつながりがあれば、問題を抱えたとしても、心は満たされる。

　「仲間・居場所」は、あなたやクライエントという名の船が、豊かに水を交換しあえる港のようなものだ。

　長くこの国に住み続けてきたが、自分にとっての港はあっただろうか？　思い出すのは、アジアでの放浪生活だ。彼らは、私を本当の仲間として受け入れ、命の水を注いでくれた。貧しい生活をしていたが、あれほどの豊かさを私は知らない。
　あのような仲間や居場所を、なぜこの国でつくることができなかったのか？　希薄な関係という最大の貧しさに、人々は乾ききっている。

マズローの欲求段階説──誰かと「つながりたい」という気持ち

　「仲間・居場所」という言葉に、非アカデミックな印象をもつかもしれない。しかし、このことにふれた学者は多い。

　マズロー（Maslow, A.H.）は、人が成長し、自己実現へと向かう段階を示し、「仲間・居場所」が、人にとって基本的な欲求（普遍的なニーズ）であると訴えた。これらは、特に「社会的欲求」（愛情、所属、帰属を得たい気持ち）と「承認欲求」（他者から認められたい、自身を認めたい気持ち）に深くかかわってくる。しかし、人によっては、「仲間・居場所」は、5段階すべての領域の根底に存在する欲求ともいえる。

雨や寒さから守ってくれる家、食料、衣服、健康が必要なことは確かだが、それらが満たされてはじめて「仲間・居場所」を求めるわけではない。人は、路上にいても、タワーマンションにいても、自分が慣れ親しんだつながりを探すものだ。

あなたの心のなかを探ってみよう。「誰かに受け入れてもらいたい」「誰かとつながりたい」という普遍的なニーズが、存在していないだろうか？

アドラーの共同体感覚──他者を仲間とみなし、そこに自分の居場所を見出す

オーストリアの精神科医アドラー（Adler, A.）は、人々が「自立し、社会と調和して暮らすこと」を目標とし、そのために「私には能力がある」「人々は私の仲間である」という意識をもてるように促した。

アドラーは「あなたにとって他者は敵か？　仲間か？」と問いかけ、他者を仲間とみなすなら、そこに居場所を見出せるとした。こうした共同体感覚を理解する鍵は、「私」と「他者」の対人関係にある。

人は、ともすれば「私」への関心や承認だけに執着しがちだ。それを「他者」への関心に切り替えることで、競争的な縦の関係から離れ、横の関係（仲間）を築くことができる。これを実現するには、次のことが必要だ。

1. ありのままの自己を受容する
2. 他者を、仲間として無条件に信頼する
3. その他者のために貢献する

傷つくことを恐れず、他者からの承認のためではなく、自分の人生課題（仕事、交友、愛）のために、関係性を深める覚悟が求められる。

他者への関心を妨げる「劣等／優越コンプレックス」

アドラーは、「すべての悩みは対人関係の悩み」と説いた。自分と誰かを比べ、劣等感を抱くことは、よくある感情であり、それを原動力とするなら前進できる。しかし「劣等感があるから、何かができない」と決めつけるなら、劣等コンプレックス（複雑で倒錯した心理）となる。

また、劣等感から逃れるために、権威をかさに着て、自分が優れているかのように自慢したり、不幸を訴え、自分を特別な存在とするなら、優越コンプレックスとなる。こうしたコンプレックスは、どのような形であれ、他者を仲間とみなす気持ちを失わせる。

私は強い人間ではない。誰からも「命の水」をもらえず、苦しんだこともある。心を閉ざしたままでは、競争相手でしかない他者を、仲間とみなすことは難しかった。

その頃、障がいのある人々に出会った。彼らは、純粋に私を仲間とみなし、居場所を与えてくれた。先に、たっぷりの水が注がれたことで、息を吹き返せた。

自分の水が満ちるまで、他者に関心を向けることは難しい。だから苦しんでいる人を見つけたら、先に水を注ごう。そうすれば、彼らは私たちを仲間とみなしてくれる。

「仲間・居場所」の存在を問い続ける

マズローが「普遍的ニーズ」と呼んだ帰属意識、アドラーの「普通であっても受け入れ合える仲間・居場所」を、今、人々は手にしているだろうか？

人間関係が希薄な社会では、ようやく見つけた「仲間・居場所」はすぐに消え去り、保っておくことは難しい。かつて、あなたが仲間や居場所だと信じたものは、今もそのままだろうか？それともすでに消え去っただろうか？

テクノロジーの発展により、多くの人々と瞬時につながれる時代になったが、そこにあなたの居場所はあるだろうか？　問題があふれる現代だからこそ、自分自身に、そしてクライエントに「仲間と居場所」の存在を問い続ける必要がある。

STEP 2　エッセンスを感じる

欲求段階における自身のニーズを確認する

マズローの欲求段階において、自分自身が今、必要としているものを確認しよう。たとえあなたが、自己実現の段階にあったとしても、安全、社会的、承認の欲求、それぞれの段階に、残された課題が見つかるかもしれない。あるいはどこかで、止まっている自分に気づくかもしれない。

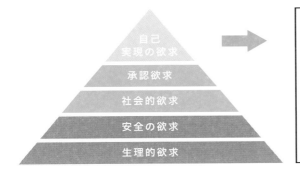

どの階層で、どのようなニーズがあるか？

仲間や居場所が、人に力をもたらすとずっと信じてきた。路上生活者には、確かに衣食住や金銭が必要だ。でもそれだけじゃ、また路上に戻ってしまう。彼らが本当に求めているものは、誰かとの深いつながりではないのか？
もしあなたが路上で生活したなら、何を感じ、何を求めるのだろう？

コンプレックスな感情を探しあてる

「劣等／優越コンプレックス」（だから私は〜できない）という隠れたくさびは、人々が仲間だと思う気持ちを失わせる。コンプレックスを認めることは難しい作業だが、他者を仲間だと思える一歩につながる。

下記リストに書き込んでみよう。劣等感を感じる項目があれば、「どのように感じているのか？」「それがコンプレックスになっていないか？」、チェックしてほしい。

項目	劣等感	劣等／優越 コンプレックス
容姿、身体能力、健康		
性格、人格、心、個性		
社交、社会的スキル		
知性、学力、学歴		
仕事能力、職歴		
生活能力、結婚、子育て		
所有物、その他		

大学の教員を辞めたのは、自分の居場所だと感じなかったからだ。見えない権力闘争、そして空虚な論争の勝ち負けに明け暮れる、縦社会の人々を、どうしても仲間だとは思えなかった。
でも振り返ってみると、自分にも隠れた劣等コンプレックスがあったかもしれない。アカデミズムのなかで、自分の実践が否定され、悔しかったのだ。

「大切な人々」との関係を確かめる

アドラーが言うように「すべての悩みが対人関係の悩み」ならば、最も大切な人々との関係がどうなっているのか、確かめてみる必要がある。下記の質問について考え、記入してみよう。

□ あなたにとって大切な人々とは誰か？

□ その人々との関係はどうなっているか？（縦横の関係／強いか弱いか）

□ その関係における悩みは何か？

大切な人は、家族とは限らない。

路上で暮らす者は、親子、夫婦関係が破綻し、孤独に苦しんでいる。彼らのために、大切な人を見つける必要がある。

河川敷の茂みでひっそりと暮らす男性は、1匹の猫を飼っている。彼にとっては、その猫だけが、心の拠り所なのだ。

一緒に何かをする

相手が誰であっても、一緒に何かをすることが、仲間と居場所をつくる。最初はぎこちなくても、時間をかけて関係を続けるなら、少しずつ仲間になり、居場所もできてくる。

まだ互いをあまり知らない学生たちと一緒に、お化け屋敷へ行ったことがある。入口で1本の紐を渡され、「みんなで掴んでください」と指示された。その理由はすぐに理解できた。あまりの怖さに、私たちは握りしめる何かを必要としたのだ。

私たちは、みんなで紐を強く握りながら、暗がりに入っていった。突然、走ってくる血だらけの妖怪に、絶叫しながら、次々と難所を潜り抜けた。そしてようやく出口に着いたとき、私たちは以前よりも仲間になれた。

チームやグループは、これと似たところがある。メンバーたちは、共通の経験をしながら、同じ出口（目標）へと進む。この過程で、握りしめた1本の紐は、少しずつ見えない絆となっていく。

STEP 3　エッセンスをスキル化する

人生課題を分離する

　アドラー心理学では、仕事、交友、愛、それぞれの分野の人々と、絆を深める人生課題がある。しかし、他者の課題を、自分のことのように背負う者、自分でコントロールできない他者の選択に悩む者、あるいは、他者からの承認に執着しすぎる者は、自分と他者の課題が混在しているため、競争や依存状態に陥ってしまう。そこで人生課題を整理し、明確に切り分けることで、余計な重荷を降ろしてもらい、対等な関係を保つように促す。

　次のような図を使うと、課題の切り分けが視覚的に理解できる。

自分の課題	混在した課題	他者の課題

　自分の課題とは、自分で選択でき、その結果に自分が責任を負うもの、他者の課題は、他者が選択し、その結果に他者が責任を負うものである。

　自分の課題、次に他者の課題、最後に、混在している課題をとりあげ、「これは一体、誰の課題なのか？」と問いかけ、最終的に、自分と他者、2つの課題に整理し直す。

　親が子どものために環境を整え、努力するようにはたらきかけることは、親の課題だ。でも、実際にその期待に応えるかどうかの決定は、子どもの課題となる。

　子どもがつまずいた場合、親たちはその責任を背負い、自分を厳しく責めるかもしれない。しかし、親が子どもに、あらゆる手を差し伸べたとしても、そのことに応えるかどうかは、子どもの課題なのだ。

ありのままの自分を受け入れる─自己受容

　自分と他者を比較し、劣等感を抱き、「私は何もできない」と訴える者、何かが不足し、欠けている自分を受け入れられない者は、もっと「等身大で、普通の自分＝ありのままの自分」を受け入れるよう助ける必要がある。

　ありのままの自分を受け入れること（自己受容）は、何かが「できる」「できない」という行為の次元ではない。たとえ不足し、欠けている自分であっても、この世に誕生し、存在していることを喜び、認めることである。

　自己受容は、言葉と態度により、他者から受け入れられる経験を通して、少しずつ達成していくため、時間がかかることを理解しよう。

　自分を受け入れる気持ちが強まれば、それだけ他者を受け入れることができる。完全で理想的な自己受容を目指すべきではなく、少しずつ変化していく自分を認めることが大事だ。

　ありのままの相手を受け入れるなら、言葉も態度も、それを反映したものになる。決して、クライエントの問題行動や誤った選択を受け入れているわけではない。彼らの存在価値を受け入れたいのだ。
　受け入れられたことは、彼らのなかで自信となり、そこから、少しずつ変化が起こる。そのタイミングを見極め、自分を受け入れてみるよう、励まし続ければいい。

他者を信頼し、貢献する

　次の流れで支援を提供できる。

□ 競争から降りる

　まず他者との競争から降りる必要がある。競争がある限り、他者は敵で、勝ち負けが劣等感につながる。そこには劣等コンプレックスや優越コンプレックスが存在し、他者を仲間としてみなすことを阻害する。

　クライエントが何と、誰と競争しているのか？　それを聴き、本来、私たちは、誰とも競争する必要がないことを話し合う。

□ 関係を縦から横へと変化させ、他者を信頼する

　競争から降りることで、仕事、交友、愛、それぞれの領域で、関係が縦から横へと変化する。特に大切な人との関係が改善するなら、他者を信頼する道が広がる。

　他者を信頼するのに「〜ならば」という条件をつけない。もちろん信頼した相手から裏切られることもあるが、それは相手の課題となる。人生における他者との深い関係は、リスクなしには築けないものだ。

□ 他者に貢献する

　「仲間・居場所」の条件の1つは、双方向の水の交換だ。これは、他者のために、自分も水を注ぐことを意味する。他者を信頼し、何かよいことができるなら、「自分は誰かの役に立っている、価値がある」という貢献感につながる。信頼できる仲間のなかでの、双方向の貢献は、共同体感覚があふれる居場所をつくり出すだろう。

賞罰教育が問題だ！　誰かの期待に応えられたら褒められ、それができないと叱られる。いつしか人は、誰かの期待に沿って生きることが、自分の課題だと思い込む。

　しかし私は、誰かに認めてもらうためだけに生きたくはない。もっと自分の存在を受け入れ、喜びたい。

　競争するのではなく、他者を仲間だと思えるなら、人や世界は、どんなにシンプルに映るだろう。誰もが仲間をもち、自分が貢献できる場所があると知ったなら、どんなに悩みは小さくなるだろう。

振り返ってみよう──「仲間・居場所をつくる」

　ここでとりあげたエッセンスは、あなたに、どのような力を与えてくれただろう？　気づいたことを書き記してほしい。

　ジレンマや葛藤を抱え、パワーレスになるとき、あなたは、これらのエッセンスを、どのように応用できるだろう？

エッセンスがあなたに与えた力	どのように応用できるか

Active Listening
―クライエント中心アプローチ・解決志向アプローチ・オープンダイアローグ―

PROFILE 7

中川原　＜保健師／NPO法人メンバー＞

　地震による津波被害で家族を失った。夫は最後まで、人々を誘導し間に合わず、子どもの1人は、学校から逃げ遅れた。残された者の傷は、決して癒えることはない。

　「あの日の出来事を、風化させてはならない」という思いから、語り部としての活動を続けてきた。聴くこと、そして語りかけることで、仲間も自分も癒されていく。同じような喪失を抱えた人のために、何かがしたいのだ。

　災害はこれからもくる。寒さや飢えに苦しみ、予期しない別離や喪失を経験する人々をサポートできる体制をつくりたい。

STEP 1　エッセンスを見出す

聴くことには、いくつもの力が潜んでいる

　この世界で最も不足しているものは「聴いてくれる人」ではないだろうか？　世の中には、何かを話し、伝えたい人であふれている。しかし、耳を傾け、深く共感してくれる人を探しあてるのは容易ではない。あなたには「聴いてくれる人」がいるだろうか？　また、あなたは「聴く人」だろうか？

　聴くことには、いくつもの力が潜んでいる。つらさに共感する、喪失を埋める、悲しみを癒す、葛藤を受け止める、強さを与える…どれも聴くことから生まれる。

　「聴く力」を深く追求した研究者に、クライエント中心アプローチをつくったロジャーズ（Rogers, C.）がいる。彼の「受容」「傾聴」「共感的理解」は有名だ。こうした理論を軸として、ストレングス視点、解決志向アプローチが勧める「成功の責任追及」そして近年、注目されてきた「オープンダイアローグ（対話）」のエッセンスを加えたものを「Active Listening」としてまとめる。

「汚れた水」を「命の水」に入れ替える

Active Listeningの目的は、言葉の力を使った水の入れ替えだ。ジレンマや葛藤、パワーレスに陥ると、汚れた水（否定的感情）が溜まり、心痛を感じる。そのため、汚れた水を外へ出し、命の水（肯定的感情）を入れる作業が必要となる。

汚れた水が心に広がると、どんな助言も心に入らない。そのようなとき、まず心を開けて、水を外へ出し、スペースをつくるべきだ。では心を開ける鍵とは何だろう？

心を開ける鍵——独自の世界に住む人への共感的理解

あなたの経験していることを、完全に理解できるのは、あなたしかいない。そして「あなたの経験」は、いつしか「あなたの現実」となる。ロジャーズはこれを「独自の世界」と呼んだ。

あなたは、独自の世界に住み、そこで見えている現実に反応する。あなたがその世界で誰ともつながれず、1人ぼっちなら、そこから見える風景は「自分を理解してくれる人など誰もいない」という現実になる。

人の感情を真に理解するには、彼らの経験している現実——つまり独自の世界に近づき、正確に共感していく必要がある。ロジャーズの言葉を借りるならば、「あたかも自分が経験したかのように感じていく」ことだ。こうした共感的理解が心を開ける鍵となる。

共感と質問によって心を開き、否定的感情を外へ出す

Active Listeningでは、共感と質問によって否定的感情を外へ出す。最初、相手の話してくれたことに共感を示そう。すると彼らは心を開き、少しだけ否定的感情を外へ出すことができる。その感情に共感し、掘り下げた質問をすると、それに答えようとして語る言葉とともに、さらに感情を外へ出せる。

言葉を外へ出すごとに、否定的感情も外へ出るため、次第に心にスペースができる。それが確認できたなら、次に強さを伝え、肯定的な感情を心に戻す作業にとりかかる。

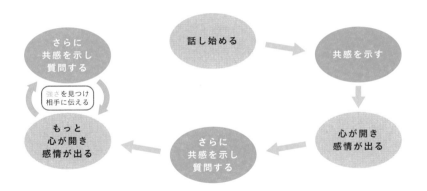

　　　固く閉じた心は、どんな慰めの言葉も受けつけない。そのようなときは、もっと共感によって温める。すると心は開き、感情が見えてくる。その感情を外へ引き出すために、今度は質問を投げかける。

　質問した答えが返ってこなくても構わない。否定的な感情が外へ出れば、それだけで彼らは楽になれる。

強さを見出し、伝える

　肯定的な感情を戻すために、相手の強さを見出し、伝える。強さとは、人のもつ素晴らしい資質を指す。もちろん、目に見えやすい知識やスキルだけが強さではない。人の内面、例えば、逆境に耐える力、何かを創造する力なども強さだ。そして、それは誰かと比較するものではない。

　「問題だらけの人に強さなどあるのか?」と思う人もいる。しかし強さを見つけようとして聴くなら、見つけられるものだ。もっとも、相手は気づいていないことがほとんどなのだが。

「弱さ」「価値がない」と思ったものが強さになる

　雑草の花は、自宅の庭では価値なく、嫌われ、すぐに刈り取られる。しかし、花の少ない土手では、きれいに咲き誇り、道行く人を喜ばせる。人の場合はどうだろう?

　「弱さ」「価値がない」と思ったものが、強さになることがある。友人の1人は、話下手だが、寡黙であるがゆえ、悩んでいる人に寄り添う力がある。華やかな場所に、彼の姿を見ることは稀だが、静かな場所で、誰かの話を聴いている姿を何度も目にしてきた。強さを見出そうとするとき、一見、「弱さ」「価値がない」と思ったものに、目を向けてはどうだろう?

　見出した「強さ」は、確実に伝えよう。相手があなた自身であれ、クライエントであれ、強さをはっきりと理解することで、肯定的な感情は戻り、視界も開けてくる。

成功の責任を追及する

　解決志向アプローチは、原因を探らず、解決に焦点をあてる。ジレンマや葛藤に陥り、パワーを失うと、「何が悪かったのだろう？」と原因追及を始めるものだ。しかしそれは自責へと向かう。

　そのような場合、原因を探ることは後回しにして、解決に焦点をあてるほうが効果的だ。「現在、うまくいっていること」に着目し、「なぜそれはうまくいっているのか？」「何がよかったのか？」と成功の責任を追及する。「自分には成功していることがある」という発見は、肯定的な感情につながる。そして成功している理由がわかれば、それを取り入れることで、解決への道筋も見えてくる。

　原因を探し、自分を責めることは簡単だ。しかし、それで問題だらけの沼から這い上がれた人などいない。「原因さえわかれば解決する」というマニュアルでは、通用しないことがある。本当に解決したいなら、どん底のなかでも「うまくいっていること」に気づくべきだ。
　自分も含め、悲しむ人々に、何度も訴えてきた。「何が悪かったのかと、考えるのはやめよう。うまくいっていることに、もっと目を向けよう！」

現代における対話の重要性──オープンダイアローグ

　オープンダイアローグは、1980年にフィンランドで開発された。主に精神疾患の治療に用いて効果を得ている手法だ。基本的に、ロジャーズの共感的理解に近い概念が土台に存在する。当事者が経験している世界（Experienced World）を、内側から理解するために、1人の人間として、敬意をもって対話し、ありのままの言葉と感情を深く理解しようとする試みといえる。

　現代は、人と人の純粋な語らいや共感が軽視されがちだ。問題を抱える当事者が、どんなに自分の声で話そうとしても、ありのままの言葉や感情を受け止め、対話に応じる人がいなくては、真の共感は起こらない。

　孤立や孤独、疎外から人々を救いあげるには、関係するすべての人々が集まり、それぞれの声で語り、受け止め合う必要がある。対話という最も原始的な手法の先に、解決への道が続いている。

STEP 2　エッセンスを感じる

共感を体験する──G線上のアリア

Active Listeningは、共感を大切にする。では共感とはどのような感情だろう？　音楽を使った「共感」を体験してみよう。題材として、バッハの名曲「G線上のアリア」を聴いてみてほしい。

曲は、主に「メイン」と「サブ」のメロディ、そして「ベースライン」から成り立つ。メインは、表に出ているため覚えやすく、すぐに口ずさむことができる。サブは、メインと対になり、裏で掛け合い、共鳴しながら、メインを引き立てる。ベースは低音域で一定のリズムを刻みながら、共鳴し合うメロディを支える。

G線上のアリアでは、メインに対して、掛け合いのように絡むサブ、そして心臓の鼓動のように、安定したリズムを刻むベースがある。曲を聴きながら、それぞれを探してみよう。

誰かに共感してほしいとき、あなたは、メイン（クライエント）になれる。そうすることで、2人のカウンセラー（サブとベース）からの共感を経験できる。サブは、あなたの感情と呼応しながら「あなたの気持ちがわかる」と深い共感をもたらしてくれる。そしてベースは、低音の一貫したリズムを刻みながら、ただ黙ってうなずいてくれる。

　　　　Active Listeningは、素敵な音楽を、それぞれの楽器で、一緒に奏でるのに似ている。相手の音が高まれば、それに合わせて、私は深く共鳴する。そして、相手の音が低くなれば、私もささやくように奏でる。
このような対話によって、互いの心は開き、否定的な感情が流れるように外へ出ていく。
震災後、有名なバイオリニストが「G線上のアリア」を弾いてくれた。公民館に響く、魂を揺さぶる音色は、失った人々を弔う鎮魂歌のようだった。彼らの奏でるメロディに言葉はなかったが、魂と共鳴し、心の奥底の凍りついた感情を溶かしてくれた。

自身と他者の現実の違いを理解する──デッサン

相手に共感することと、相手を理解した気になることは違う。「わかるよ」という何気ない言葉が、相手を傷つけることもある。「私」と「相手」では、見えている世界が異なることを、デッサンを通して感じてみよう。

❶　中央にデッサンの対象物を置く。角度によって、異なって見えるものがよい

❷　複数の人が参加し、それぞれの角度から「自分に見えるように」描く

❸　描き終えたデッサンを、席の上に置く

❹　席を移動し、ほかの人の描いたデッサンを見て、自分との違いを確認する

　あなたの位置から見えたものを、あなたはデッサンした。それはあなたの経験した現実である。同じように、ほかの位置から見えたものを描いた、ほかの人々の経験した現実も存在する。同じものを描いたとしても、見えているものは違う。そのことから、あなたは何を理解するだろうか？

　相手の見えている現実を、本当の意味で理解するには、相手の座っている椅子に腰かけ、そこから眺めてみるしかないのだ。

　「同じ経験をしたのだから、何でもわかる」と思い込むのは危険だ。私が経験したことは、私だけの現実で、相手の現実ではない。それがわかっていないと、共感は起こらない。だから真摯に質問する。
　たとえ、同じ震災を経験していても、「それはあなたにとって、どういう意味があったのですか？」と尋ねる。そして、彼らの語ることに共感し、強さを見出していく。

弱さを強さに変える

　自分の弱さだと思うリストをつくってみる。そして、その弱さが、どのように強さになるかを考え、感じたことをメモしてみよう。ペア、あるいはグループで行うと、他者からの意見を反映することができる。

弱さが	強さに変わる
例　話をするのが下手	例　人の話をじっくり聴ける

私にとっての弱さは、弱さのままだが、相手の弱さは、強さにみえることがある。だから私は、時々、仲間と話して、自分の強さを教えてもらう。
　強さを知ることは、問題を乗り越える力。だから、たくさん見出し、相手に何度も伝えてほしい。それが肯定的な感情、つまり命の水を注ぐことになる。

対話は必要だろうか？

　対話は、チームによる Active Listening だ。参加者それぞれが、共感と質問を投げかけ、汚れた水を命の水に入れ替える。時には、車座になって座り、それぞれ、自分の言葉で経験を語り、それをみんなで聴く。参加者すべてが、癒しを求める人であり、また癒す人でもある。

　対話を通して、人々は、途切れた物語の続きを、みんなでつくり上げようとしている。1人の物語に、また1人、また1人と加わるとき、共感が深まり、語れなかった感情は語れる物語になる。こうして私たちは、人のもつ真の強さが、だんだんとわかるようになる。

　これからやってくる対立の時代に、対話は、なくてはならないものになる。そのことをどうか、記憶にとどめておいてほしい。

STEP 3　エッセンスをスキル化する

Active Listening を事例で理解する──陸上の大会で決勝に行けなかった航君

あきらめずに努力したら、夢が叶うというのは、本当かどうかわからない…僕は熱心に努力したけど、夢は叶わなかった…だから叶わない努力もあると思う。
僕は陸上部で、必死で頑張ってきた。あらゆる面で努力した。最後の大会で決勝に行けるように、毎日、練習した。でも夢は叶わなかった…。

一生懸命努力したのに、それが叶わなかったんだ…**とってもつらい経験だったね…**。

（やんわりとした共感から始める）

そうですね。本当に強く願った。そして。たくさん努力した…でもダメなものは、ダメなんだってわかった。

たくさん努力したんだったら、なおさら悲しかったね。**どんなことを願っていたのか、教えてほしいな？**

（詳細を質問している）

この３年間、毎日、練習してきた。それもわずか数秒のタイムを縮めるために頑張った。熱意があれば、県大会の決勝に行けるってずっと信じていた。それだけの努力はしたし、決して、届かない目標じゃなかった。でも…それは叶わなかった。

（言葉を外へ出しながら、感情を少しずつ表出している）

そうだったんだ。**キツイ経験だね。**本当に努力したし、熱意もあった。でも、結果は出なかった。それを実感したとき、**落胆したんだね？**

（共感を示している）

落胆というより、「ああ、ダメだったんだ」っていう虚しい気持ちになった。でもその後、「何で？　あきらめなければ、結果は出るんじゃないの？」という怒りの気持ちになった。
だって、僕が求めた結果は、ものすごいものじゃない。たった１秒、早くゴールに行けることだった」それさえ叶わないなら、今後も、それ以上のことは、無理なんだろうな…それが正直な気持ちだった。

（共感を示されたことで、心が開き、感情が少しずつ出ている）

正直な気持ちを話してくれてありがとう。自分の努力は報われず、結果も出なかった…きっと**誰であっても、**同じ経験をしたなら、自分の信じていたことが崩れてしまいそうになると思う。それはつらく、心のダメージが大きいことだね。このつらい現実を、**どんなふうに受け止めているの？**

（誰であっても、は一般化の手法。あなただけではない！　という意味を込めた。
さらに質問している）

今は、自分の願いや熱意がどうとかじゃなくて、ただ能力がなかっただけだって思っている。どんなに願っても、できないことはあるし、熱意がなくても、足の速い奴は速い。彼らは願ってなくても速いんだ。だから才能の問題はどうしようもない。確かにそれを受け入れるのはつらい…でもそれが現実だと思う。

（現実を受け入れるのがつらいという気持ちを表出しはじめている）

そんなにつらい現実を経験しているのに、そのうえ、自分に能力がなかったって認めるのは、さらに厳しいことだよ…どうして、**そんなことができるのかな？**
もっと「他人や環境のせいだ！」って言ってもいいし、実際、そういう人もいるよね。でもあなたは、自分の力不足だって受け入れている。**どうして、そんな気持ちになれるんだろう？**

（どうしてそんなことができるの？　は成功の責任追及。どうしてそんな気持ちになれるんだろう？　は、逆説的に賞賛している）

わかりません。どうしてなのか…でも僕は自分がしてきたことは、間違っていないと信じたい。熱意も願いも結果に出なかったけど、
でも…だからといって…自分の信じてきたことが間違っているとも思いたくない。ただ自分の力がなかった。それを受け止めるのは悲しいけど…。

（現実を受け止めるつらさをさらに表出している）

こんなにつらい出来事を経験していても、「それでも自分のしてきたことを信じてる」なんてこと、なかなか言えないと思う。願いが叶うときに、自分を信じることは、簡単なことだけど、願いが叶わないときに、それでも自分を信じることは**誰にでもできることじゃない。**

（強さを見出し、それを伝えている）

自分への自信や信頼があるとは感じない。でも、ないとも言えない。ただ小さな頃の「あきらめなければ夢は叶う」っていう…そんなものとは違う信頼があるのかもしれない。叶わない願い、起こらない奇跡…そういった現実があるということ。自分のなかでは、まだちゃんと受け止められてはいないけど…

（現実への見方が少しずつ変化してきている）

頭ではわかっているけど、現実を認めるのはつらいと思う。それでも乗り越えよう！　乗り越えたい！…そういう気持ちを感じている。そして、ちゃんと自分のなかで受け止めようとしている。それは**最善を尽くしてきた人にしか言えない言葉だと思う。**

（現実を認めることのつらさへの共感。それを受け止めようとするのは強さだと伝えている）

Active Listening は、黙ってうなずく傾聴とは異なる。積極的に共感の言葉を伝え、感情の塊を溶かし、質問することで、さらに感情の通り道をつくる。

時々、「宙に投げる」ように言葉を出すことがある。「つらい経験をしているのに、どうして、そんな気持ちになれるんだろう？」これは言い換えれば、「そのような気持ちのあなたは素晴らしい」と肯定し、同時に、そうなれた成功の責任を追及している。

振り返ってみよう──「Active Listening」

ここでとりあげたエッセンスは、あなたに、どのような力を与えてくれただろう？　気づいたことを書き記してほしい。

ジレンマや葛藤を抱え、パワーレスになるとき、あなたは、これらのエッセンスを、どのように応用できるだろう？

エッセンスがあなたに与えた力	どのように応用できるか

エッセンス

4 経験と行動
—経験学習／行動理論／神経言語プログラミング（NLP）—

PROFILE

和田　＜精神保健福祉士＞

　「和田はタフだ」とずっと言われてきた。でも私にもつらい経験はあった。ただ誰にも話したことはない。それはこれからも同じ。1つ言えることは、つらい経験は私の財産。それを誰かのために使いたい。

　過去のトラウマに縛られるのは悲劇だ。もっと、うまくできた経験、誰かの役に立った経験、自分には力があると感じた経験だけを見続けることはできないだろうか。

篠崎　＜障がい分野／ソーシャルワーカー＞

　和田君と同じように、私も自分の経験を大切にしてきた。今の私を形づくったのは、障がいのある人々や母親たちとの経験。彼らにとって、成功できた経験が、何よりの贈り物。それは次の行動を起こす力となってきた。

　効果的な刺激（プロンプト）で行動を起こし、それを強め、成功できた経験につなげるなら、自信を積み上げることができるはず。

STEP 1　エッセンスを見出す

経験、その絶対的な力をどう使うか？

　「経験は財産」と和田は言う。ではあなたにとって「経験」はどういう意味があるだろう？人に喜びをもたらすのも「経験」ならば、苦しめるのもまた「経験」だ。生きている限り、経験は心と脳に記憶され、私たちとともに存在し続ける。

　自分自身と向き合うときも、人を支援するときも、経験という絶対的な力を無視することはできない。あなたは、経験とどう向き合うのだろうか？　経験をどう使うのだろうか？　あらゆる経験を、前進するための力に変えるには、何をすればいいのだろうか？

経験学習のサイクルを回す

　経験を力に変えるために、コルブ（Kolb, D.A.）の提唱した経験学習のサイクルを回すことができる。その４つのステップに目を向けてみよう。

　スタートは、①何か具体的な経験をすること。次に②その経験から感じ、考え、気づきを深める。さらにその気づきを、③問題解決に役立つ原則として一般化する。最後に、④原則をさまざまな状況に応用する。それが再び新しい経験につながることで、サイクルが回り、力が生み出される。

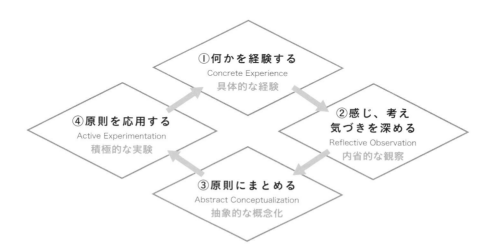

　私たちは、毎日、毎時間、何かを経験している。そこから学ぶことができたら、素晴らしいことが起こる。成功や失敗を、単なる過去の出来事にするのはもったいない。何かに気づき、原則を見出し、人生に応用するからこそ、成長できる。

力を得た経験を思い起こす

　経験学習のサイクルが、自然と回り、力（原則、教訓、理解、洞察）を得たことはないだろうか？

　ある夜、自宅の電話が鳴り、急いで走っていく途中、足の親指をドアにぶつけてしまった。爪が剥がれ、激痛と多量の出血があった。回復までかなりの日数がかかり、その間、片足を引きずって歩いた**（①何かを経験する）**。

　今まで、足の親指が、なぜあるのか一度も考えたことはなかった。しかし、負傷してはじめて、この親指が、人の歩行や起立をどれほど支えていたのか、嫌になるほど理解できた**（②感じ、考え、気づきを深める）**。

そして、普段は目立たなくても、親指のように重要な役割を果たしている人がいること、またそういう人になりたいとさえ考えた（**③原則にまとめる／④原則を応用する**）。

経験学習のサイクルを意識するなら、日々の小さな経験から多くのことに気づき、そこから力が得られる。困難な経験は何かを奪うかもしれないが、ほかの方法では得られない、成長の機会を与えてくれる。あらゆる問題への答えが、これまでのあなたの経験のなかに、存在していたことを知って驚くだろう。

さらに力を加えるために、行動分析とつなげてみる

ところで、「何かを経験したい」と思うときには、行動が求められる。その行動は一体、どのように起こるのだろう？　行動分析では、ABCという流れで行動をとらえる。

「望ましい行動B」を、もっと増やしたい場合、「刺激（プロンプト）A」を準備し、行動の「結果C」を強化する。こうした行動分析を経験学習につなげると次のようになる。矢印に沿って図を眺めながら、Ⅰ〜Ⅳを読んでみよう。

4 経験と行動

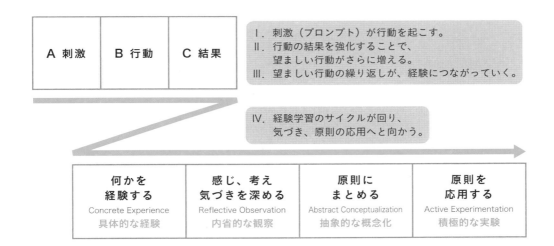

小さな刺激が行動を起こし、経験を深化させる

注目すべきは、経験学習を回すためのきっかけが、極々、小さな刺激だということ。ここから小さな行動が起こり、強化されるごとに、経験は深化し、力が加えられる。

庭のウッドデッキが10年以上雨ざらしで、ついに横板が1本折れた。それを見て「屋根をつくろう！」と思い立った。物心ついてから、数え切れないほどの屋根を目にしてきたにもかかわらず、屋根について何も知らないことを痛感した。ぼんやりと目に映っていただけだった。

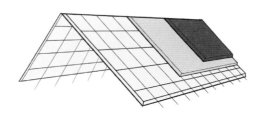

それから、あらゆる屋根を観察するようになった。電車から、バスから、ひたすら屋根を見つめた。気に入った屋根があれば、近くまで行き、構造をメモした。こうした行動は、経験学習のサイクルにつながり、「人は自分が本当に見ようと思うものしか見えない」ことに気づいた。

私が今も大切にしている原則は、「人は実践する前提でないと、知識を切に求めない」ということ。あなたが切実に学ぼうと思うのは、それを今日、明日、使う必要があるからだ。この気づきは、たった1本の折れた横板から始まった。

自転車に乗れるようになったきっかけは、まず父が後ろに乗せて、その楽しさを経験させてくれたから。嬉しくて「もっと乗りたい！」と行動しはじめた。その後、父は自転車を支えながら、一緒に走ってくれて、1人で乗れる感覚もつかませてくれた。倒れたり、転んだりしたけど、そのたびに考え、工夫し、経験学習のプロセスを進んでいった。

父のように、私も小さなプロンプトを準備する。小さな刺激を与え、そこから行動を促し、人々が自分の経験から学び、もっと行動する力を引き出そうと思う。

効果の法則──コンフォートゾーンの外にハードルを設定する

「成功したことは繰り返すが、失敗したことはやらなくなる」という効果の法則は、行動理論の核である。最も大切なことは「成功した」という感覚を、確実にもてるようにすること。そこで、超えるべき「成功のハードル」について考えてみよう。

低いハードルを越えても、成功したとは感じない。最も成功だと感じるハードルは、自分が考えるものより「高め」だと知っておこう。もちろん不可能なことは選ばない。各自にとっての「最善のハードル」に挑み、乗り越えたとき、成功の経験として記憶に残る。

ほとんどの人は、自分のコンフォートゾーンの内側にハードルを設定する。それは脳が安全、安心を第一に指令を出すからだ。しかし、成功感覚は、コンフォートゾーンの外にある。あなたは、未知の領域に設定したハードルを越えるとき、自分の奥底に眠る力を引き出すことができる。

神経言語プログラミング──Neuro-Linguistic Programming

成功した経験をいつも覚えておけるなら、望ましい行動はさらに増える。それは神経言語プログラミング（以下、NLP）のエッセンスを加えることで可能になる。

NLPは、五感（主に視覚、聴覚、体感覚）と言語による経験が、脳のプログラムを書き換え、起動させ、新しい言語や行動パターンをつくり出す仕組みに着目している。

人はあらゆる経験を、五感を通して脳に取り込み、映像として保存する。かつてバスケットの試合で活躍した、篠崎の思い出を描いてみよう。これはフルカラーの映像として、すでに彼女の脳にプログラムされているものだ。

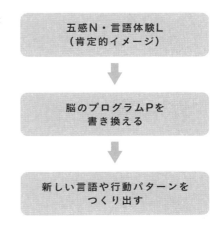

五感N・言語体験L
（肯定的イメージ）

↓

脳のプログラムPを
書き換える

↓

新しい言語や行動パターンを
つくり出す

夏の放課後、体育館は熱気であふれていた。両チームとも、すでに練習を終え、汗を拭いている。やがて試合が開始された。

私は、ボールを回す選手たちの、素早い動作を追いかけた。ドリブルするたびに、古い床が音をたてた。やがて仲間のパスを受け、シュートを決めた。その瞬間、湧き上がる歓声を耳にした。

試合は、ギリギリまで勝負がつかなかった。私は、相手選手と競り合い、ボールを奪い取り、最後のシュートを決めた。その瞬間、大歓声とともに終了のホイッスルが鳴った。

興奮が収まらないまま、私は体育館を出た。空は青く、涼しい風が顔に吹きつけた。

バスケットの描写（言葉）を読むとき、あなたの脳に、どんな映像が浮かんだだろうか？もしかすると、あなた自身のバスケットの経験、あるいは応援した記憶が起動され、頭のなかで映像が流れ出したかもしれない。言葉には、脳のプログラムを起動させ、「あたかも今、その経験を感じる」感覚を再現する力があることに気づいただろうか？

アンカリングという技法

五感や言葉の力を借りて、成功したプログラム（映像）に、いつでもアクセスできるなら、あなたは何度も力を得るだろう。そのためにアンカリングという技法を使う。これは刺激と反応を意図的にリンクさせることで、成功した脳のプログラムに、スイッチを介してショートカットでアクセスする方法だ。和田の例を紹介する。

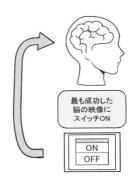

最も成功した
脳の映像に
スイッチON

ON
OFF

　ラグビーの試合で、敵に吹っ飛ばされ、倒れたときは、リストバンドを「パチン」と引っ張り、スイッチを入れる。そのとき、一瞬のうちに理想的な脳のプログラムに入り込める。

　リストバンドは、私のアンカースイッチであり、最も成功した私の映像、ポジティブな感情とリンクしている。リアルな風景、音、感触を感じながら、最高の自分を取り戻せる。

脳の前の椅子に何を置くか―あなたが決める

　経験はプログラムをつくる。しかしそのプログラムは、気をつけていないと、あなたの経験を支配する。

　脳の前に椅子が１脚あるとイメージしよう。あなたの脳は、その椅子に置いた１つの映像だけを見る（脳は同時に２つ以上のものを見るのが苦手だ）。もしあなたが、その椅子に何を置くかを決めないなら、脳は、勝手に失敗の映像を次々に流し、あなたを支配しはじめる。

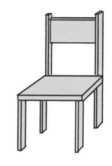

　だから、どんなプログラムにアクセスし、どんな映像を見るか、あなたが選ぶ必要がある。和田のように、いつでも理想の状態へ飛べるスイッチを身につけてみたらどうだろうか。

STEP 2　エッセンスを感じる

「効果の法則」を検証する

　「成功したことは繰り返し、失敗したことはやらなくなる」。この原則は、あなたにとって有効だったか？　これまでの経験をリストアップし、検証してみよう。

成功したこと	失敗したこと	繰り返したか？ やらなくなったか？
	例　寝る前に空腹になったのでラーメンを食べたら、翌朝、胃痛になった。	寝る前にラーメンは食べなくなった。

失敗を恐れる子たちは、いつも萎縮している。「できる」というイメージをもてないからだ。

　　　長さ５ｍの平均台を、最後まで歩けない子を、あなたは失格者とするだろうか？　それとも 50cm できたことを一緒に喜ぶだろうか？

　もし 50cm の成功に感動できるなら、それを 10 回も味わえる。そして、５ｍ成功したなら、彼らと一緒に 10 倍喜べる。

行動分析体験──プロンプトから経験学習へ

　自分にとって刺激となる「小さなこと」を準備し、それが行動につながるか試してみる。またその行動を強化する。例を参考に、自由に考えてみよう。

例　培養土をプランターに入れ、花の種を蒔く　⇒　どんな行動につながるか？
　　⇒　その行動はどう強化できるか？　⇒　この経験からの気づきは？
　　⇒　得た原則は？　それをどのように、次の経験につなげるか？

　　　マリーゴールドの種をプランターに蒔いたら、５日で芽が出た。早速、ポットに移し、玄関の花壇に定植した。いつも草を取り、水やりを欠かさなかった。やがてオレンジの花が、花壇一面に広がり、心を和ませてくれた。

　自分で種を蒔き、育てた花が、こんなにも愛おしいとは思わなかった。これは大きな発見だ。どんなものでも、人は、手間をかけたものを大切にするのだと気づいた。

「音楽の力」をアンカリングとして活用する

　昔、よく聴いた思い出の曲は、その頃の風景までもリアルに再現してくれる。音楽は、脳の記憶にアクセスする強力なアンカリングだ。あなたがジレンマや葛藤に苦しみ、力を必要とするとき、自分を奮い立たせる音楽を聴いてみてはどうだろう？

STEP 3　エッセンスをスキル化する

園芸療法──種から花を育てる経験

　和田の経験は、そのまま園芸療法としてスキル化できる。

　プロンプトとして、マリーゴールドの種をプレゼントし、それを育ててみるように促す。そ

して、取り組んでみた行動を記録するよう伝える（育てる詳しい方法について、いくつかのサイトを紹介する）。

日付	行動	気づき
3月	種を蒔いた	前に、ひまわりの種を、庭に適当に蒔いたことがあり、失敗したことを思い出した。今回は、自分の感覚ではなく、指示どおりすることが大事だと思い、細心の注意を払って種に土をかぶせた。その後、出てきた芽に、毎日、声をかける自分がいた。

　小さな行動や気づきが生まれたら、その行動をさらに強化し、経験学習につなげていく。グループで行うなら、さらに効果の法則が倍加する。

　　　　保護された柴犬を家に迎えた。隅のほうで怯え、固まっていた犬に、家族は声をかけ、全身を撫で続けた。来る日も来る日もそうした。
　　　　3か月が過ぎた頃、犬は、自分から私たちに近づいてきた。外出から戻ると、飛び上がって、迎えてくれるようにさえなった。
　「保護犬を迎える」という選択が及ぼした結果は、犬の変化だけではない。私たち家族の思いやりの気持ちを高め、協力や一致の精神、深い感動をもたらした。家族にとって、いつまでも忘れられない成功の経験だ。

NLPを事例で理解する──会社で叱られたことがトラウマとなった女性

　NLPのスキルを使うなら、脳のイメージにアクセスし、失敗した経験を削除、成功した経験を強めることができる。大切なことは、先に「成功した経験を強める」ことである。

　　　最も楽しかった経験を教えてください。

高校の頃、友人と一緒に沖縄の海に行ったことです。あの頃は、悩みもなく楽しい時間だったな。

一緒にいたメンバーの名前を覚えていますか？　どんな服装でしたか？色とか覚えていますか？

覚えています。加奈と美穂です。
私は白いＴシャツで、加奈は真っ赤なシャツ、美穂は緑のタンクトップだったかな…。

夏の青空や雲の白さ、海の色を覚えていますか？　潮の香りや吹いてきた風の感触はどうですか？

覚えています。抜けるような空の青さ、海はエメラルドグリーンでした。生温かな風が、かすかに潮の香りを運んでいました。

その風景はカラーですか？　また動画、あるいは静止画ですか？

遠くに見えている感じで…カラーですが、静止画です。

その静止画を、動画にしながら、もっと手前に動かして、大きくしましょう。その後、あなたは、そのなかに入ることができます…映像は大きくなってきましたか？

やってみます。動いています。私もなかに入ります。

色をさらに鮮やかに、音をもっと大きく、映像をリアルにしましょう。あなたは、あの頃の経験のなかにいて、彼らとの会話を楽しんでいます。今、何を感じますか？

楽しいです。あの頃に戻った感じです。ずっと見ていたいです。

 あなたは、いつでもその映像にアクセスできます。左手の指を鳴らすとスイッチが入り、あなたの脳の前の椅子に、動画を置くことができます。

次に、悩ませている映像があればアクセスしてもらい、削除の方法を教える。

 たった1度の失敗で生涯苦しむ人がいます。脳が暴走し、失敗の映像を繰り返し再生するからです。そのような経験がありますか？

会社で失敗したとき、ひどく、ののしられました。そのときの映像がいつも私を苦しめます。

 どんな映像ですか？　と聞くと…もうすでに脳が映像を上映しはじめたかもしれません。もしそうなら、動画を静止画にし…さっと色を抜いて、白黒にします。

映像はいつも頭の片隅にあり、流れています。これを止めて白黒にするのですね？　やってみます。

 白黒の止まった映像から、あなた自身、抜け出しましょう。映像を、少しずつ遠くに動かしながら、ご自分は「よいしょ」と、何かをまたぐように、こちら側に抜け出してください。そして、遠くに動かしている、小さな静止画を見つめてください。色はありません。

止まったままの白黒写真から抜け出します。

見つめている白黒写真には、止まったままのあなたと上司がいます。また、それを眺めているあなたがいます。もっと写真を遠くへ動かしてください。豆粒くらいになるまで動かせますか？

止めたまま動かします。小さくなりました。ほとんど見えません。

これから豆粒の静止画を、粉々に砕いてください。右手の指を鳴らすと砕けます。
そして、ここが大切なところですが、砕いた瞬間、左手の指を鳴らし、先程の「楽しい沖縄の海の風景」を、あなたの脳の前の椅子に置いてください。
では、砕いてください。そして映像を交換しましょう。

思いっきり砕きました。そして、楽しい映像が始まりました。

映像が小さければ、大きくしましょう。静止画だったら、動画にして、色や音をリアルにしながら手前に近づけ、あなた自身もそのなかに入りましょう。
先程、練習したとおりです。どんどんリアルにしましょう。
このように動画を切り替えることができます。いつも見たくない映像が浮かんだなら、そうしてください。

　私たちは、何もしなければ、何も起こらない世界に生きている。それは「何かをすれば、何かが起こる」という意味でもある。つまり、選択し、行動することが、物事を打開する確実な方法なのだ。
　車の運転について話し合うのではなく、実際にエンジンをかけ、ハンドルを回し、街を走ってみよう。たとえ途中で迷ってしまっても、それはあなたの今後に必要な経験として、脳に蓄えられるだろう。

4

経験と行動

　ここでとりあげたエッセンスは、あなたに、どのような力を与えてくれただろう？　気づいたことを書き記してほしい。

　ジレンマや葛藤を抱え、パワーレスになるとき、あなたは、これらのエッセンスを、どのように応用できるだろう？

エッセンスがあなたに与えた力	どのように応用できるか

問題解決
―問題解決アプローチ・課題中心アプローチ・解決志向アプローチ―

PROFILE

水口　＜地域包括支援センター／ソーシャルワーカー＞

　「5mの平均台を歩けないなら、50cmから目指す」と篠崎さんは言った。そうした考えに共感する。ゆっくりと一歩ずつ進む10cmにも深い意味がある。

　大切なのは、ゴールへの向きであり、どれだけ早くたどり着けるかではない。問題だらけの道を、クライエントは歩いている。だからこそ、彼らの踏みしめる一歩に、私はいつも勇気づけられる。

村井　＜医療ソーシャルワーカー＞

　「問題解決って何だろう？」。今の仕事では、自分で決められることは少ない。大きな靴、中くらいの靴、小さな靴の3種類が置いてあって、結局は、どれかの靴を履いてもらう。そして、それが解決ということになってしまう…でも、それだと何かが違う。クライエントと同じ靴を履き、問題だらけの道を、解決まで一緒に歩けたなら、どんなにいいだろう。

STEP 1　エッセンスを見出す

問題解決――人生の課題を考える

　人生では、誰もが問題を抱え、それを解決することで前進していく。あなたは、これまでどのような問題を抱え、どのように向き合い、そして解決してきただろうか？　そこで得た大切な知恵は、クライエントのために役立っているだろうか？

　古典的な「問題解決アプローチ」、実用性の高い「課題中心アプローチ」そして、ポストモダンの代表「解決志向アプローチ」は、主に、目に見えやすい問題に焦点をあてており、互いの親和性が高い。これらのエッセンスを組み合わせることで、問題解決力はさらに高まる。

問題解決アプローチ──ソーシャルワークのデフォルト

　パールマン（Perlman, H.）が概念化した問題解決アプローチを改めて探ると、有益なエッセンスを拾い上げることができる。このアプローチは、問題解決までに、右図のステージを通る。

　まず傷ついた自我を強め、大きな問題の塊を小さく切り分け、次に問題に集中しながら、MCO モデルを繰り返すことで問題解決に至る。

自我──問題に対する調整機能

　私たちの内面に備わっている自我は、内的、外的環境によって生じる葛藤に対処し、衝動を安定させ、適応状態を保つ。問題に直面したときは、意識的、あるいは無意識に、精神的安定を得ようと機能する。

自我を強め、問題を小さく切り分ける

　問題を抱えると自我は傷つき、弱くなる。それを強めることは、ロジャーズ（Rogers, C.）のいう「温かな人間関係」を築くことであり、「命の水」を足すことだ。ほんの小さな励ましの言葉でも、自我の力は取り戻せる。自我が十分に強くなったら、大きな問題の塊を、小さく切り分けて対処しはじめよう。

　自我を強めること、問題を小さく切り分けることは、互いに補い合う。自我を強めることで問題に立ち向かえるし、問題が小さくなれば、弱った自我でも取り組める。

　留学時代、難解な英語と嵐のような課題に押しつぶされてしまった。ちょうど2人目の子どもが生まれ、日々が格闘だった。そんなとき、ドイツ人の教授夫妻が、私たちを夕食に招き、「よく頑張っているよ」と声をかけてくれた。そして「子どもたちを預かるので、夫婦で映画を見に行きなさい」と勧め、楽しい時間を与えてくれた。元気になった私は、自分の問題を小さく切り分け、その1つひとつに集中することができた。

MCO モデルという強力な武器

　誰であっても、問題解決へのモチベーションが不足していれば、取り組む力をもてない。また、実際に能力を向上させないと、取り組んでも達成できない。さらに機会が与えられないと、能力を発揮する場所がない。モチベーション（Motivation）、能力向上（Capacity）、機会の提供（Opportunity）は、問題解決アプローチにおける MCO モデルと呼ばれ、ワーカビリティ（解決への意欲）を高める3要素である。

病気のため、何度も解雇され、自信を失ったクライエントは「もう働きたくない」と嘆いた。治療が終わる頃、彼に「１番、興味のある仕事は何か？」と尋ねると、「木工作業が好きだ」と答えた。そこで、木の車椅子を製作する会社に連れて行った。

彼のモチベーションは高まった。そこで、院内作業療法に木工を取り入れてもらい、何かつくってみるように励ました。次第に、彼の能力は向上してきた。そこで次に、木工製作所でのボランティアを提案した。ここでの経験を経て、彼は正式に採用されることとなった。

さまざまなケースに対して、私はMCOをシンプルに繰り返す。

がんが再発した夫を抱える浅川さんは、落胆していた。そこで彼女の思いを受け止め、励まし続けた。手術後、自宅でできる治療や介護方法を教え、それらを活用できる機会をいつも提案した。浅川さんは、少しずつ介護できるようになり、夫を外へ連れ出せるまでになった。

課題中心アプローチ──時間制限を意識する

課題中心アプローチは、目に見える小さな課題に焦点を当て、時間制限のなかで目標を達成していく手法だ。

人には課題が与えられると、達成しようとする主体的な力がある。これは「いつまでに？」という時間制限によって成り立つ。誰もが、締め切りのあることから、優先して手をつけるからだ。優先順位や締め切りを意識することで、たとえすべてではなくても、大切な問題が解決に向かう。また、MCOモデルと組み合わせることで、さらに効果が促進される。

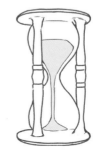

課題を設定した後、繰り返しフォローアップするなら、さらに効果は倍加する。ある友人は、最愛の伴侶をデートに誘った日々を、懐かしそうに話す。彼はデートが終わると、すぐに次のデートに向けて、フォローアップすることを怠らなかった。そして、そのことが「結婚できた最大の理由」だと幸せそうに語った。確かに、恋人を射止めるくらい熱心に、クライエントをフォローアップするなら、問題解決は、楽しいものになるだろう。

解決志向アプローチ──比較的うまくいっている状態に目を向ける

解決志向アプローチは、「原因と問題解決は別」という考えに立ち、「問題が解決された未来像」に近づけるように、あらゆるリソースを活用し、スモールステップを踏んでいく。

5

問題解決

スタートは、「比較的うまくいっている状態に目を向ける」こと。問題を抱えると、うまくいっているのに、止めてしまう場合が多い。逆に、うまくいっていないのに、それが止められず、悪循環に陥ってしまうこともある。

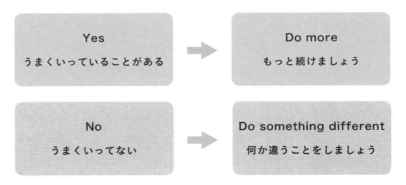

そこで「比較的、うまくいっていることはあるか？」と質問し、「Yes」なら、もっと続け、よい循環を生み出そうとする。もし「No」なら、何か違うことを探す。

問題を抱えるなかで、「うまくいっている状態」に目を向けることを、「例外探し」と呼ぶ。例外は、すでに解決が起こりはじめている成功の一部であり、そこに目を向け、取り入れ、「もっと続ける」ことで、問題は解決していく。

ミラクル・クエスチョン

解決志向アプローチでは、問題の山に囲まれていても、問題が解決された未来像を思い浮かべるように促す。例えば、ミラクル・クエスチョンという独特な手法を用いて、次のように質問する。

「今晩、寝ている間に奇跡が起こり、朝、問題がすっかり解決していれば、それは、どんなことから気づきはじめますか？」

こうした質問を思いめぐらすと、私たちの焦点は、「問題が解決された未来像」に近づいていく。未来像がはっきり見えてくると、人はそこへ向かって歩き出す。

この手法は、ミルトン・エリクソンの催眠療法がヒントになっている。彼は、患者をトランス状態（無意識と意識の中間）に引き込み、「あなたの未来が、どのように見えますか？」と質問したが、解決志向アプローチでは、同じ効果を、質問によってつくり出そうとした。

浅川さん（夫）は、術後、腸閉塞となり、医師は、胃ろう造設を勧めた。しかし、受け入れるかどうかで、家族は悩み、意見は一致しなかった。そこで、納得できるまで話し合うことにした。

「このような状況のなか、何がうまくいっているのだろう？」と尋ねると、長男は「気力を失っている父にとって、唯一、うまくいっていることは、食べることだ…胃ろうではなく、もう一度、腸の手術を受けて、母親のつくった食事を食べさせよう」と訴え、みんなも同意した。

手術は成功し、退院後、浅川さんは、妻の手料理を十分に楽しんでいる。

スモールステップ方式──3つのアプローチに共通する手法

問題解決アプローチ、課題中心アプローチ、解決志向アプローチに共通することは、問題を小さく切り分け、スモールステップ方式で解決を目指す枠組みをもっていることだ。

この方式では、最初の課題の達成が、小さな変化を起こし、それがドミノ倒しのように、次の課題に影響を及ぼし、やがて大きな変化（解決）につながっていく。大切なことは、1つひとつ、確実な変化を起こすことだ。そうすれば、変化は次に続いていく。

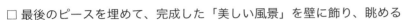

STEP 2 エッセンスを感じる

ジグソーパズルで、問題解決のプロセスを記憶する

美しい風景のジグソーパズルに挑戦してみよう。

□ これから完成しようとするパズルの完成像「美しい風景」を記憶する
□ 外枠のピースから埋めていく
□ ピースの色、柄、形ごとに分類し、外枠から内側へとパズルを埋めていく
□ 埋めるたびに、問題は1つずつ解決する。いつか完成像「美しい風景」に近づくことを想像しながら、パズルを埋めていく
□ 最後のピースを埋めて、完成した「美しい風景」を壁に飾り、眺める
□ 問題を解決したとき、同じような気持ちになることを、いつも覚えておく

完成後、ジグソーパズルと問題解決の共通点について考えてみる。どのようなことが似ているだろうか？

「スモールステップ」のイメージトレーニング

少し大きめの積み木など、ドミノ牌になるものを準備し、次の手順で体験してみよう。

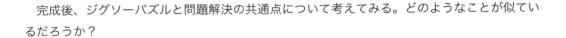

❶	自分の抱える問題を書き出す
❷	その問題を、さらに小さく切り分け、1つひとつに対して、解決方法を考えてみる
❸	準備した解決方法を、小さな紙に書き込み、それを積み木に貼りつけ「解決のドミノ牌」をつくる
❹	最初に取り組むもの、次にできそうなもの…と順番を決めて、ドミノ牌を置く
❺	最初のドミノ牌を倒すと次が倒れ、最終的に全部、倒れる様子を動画に撮影する

何度か動画を視聴することで、自分の問題が、少しずつ解決していくイメージがもてる。

「何もかもいいなりは嫌だ」と家族が言った。そのときハッとした。誰だって自分たちで決めたい。1つの選択が1つの納得になり、それが1つの決断へとつながっていく。だから、最初に起こすべき変化を、家族と一緒に探すのが大事。小さな変化が起こせれば、必然的に人や状況は動いていく。

MCO を回す体験

改善したい項目を挙げ、MCO を回し、結果を評価する。M ⇒ C ⇒ O へのつながりを意識してみよう。

項目	M／動機づけ	C／能力	O／機会	結果
例 体重3kg 減量	減量に成功した 動画視聴	カロリー計算 アプリで トレーニング	成果を誰かに 発表する	減量成功！

比較的うまくいっていることは？ ──「例外探し」と「スケール・クエスチョン」

〈例外探し〉

問題があっても、うまくいっている状況に焦点を当て、それを広げ、解決に取り入れる―「例外探し」を体験する。次の質問について考えてみよう。

❶	あなたにとって、比較的、うまくいっていることは何だろう？
❷	その理由は？
❸	うまくいっていることをもっと続けてみよう
❹	続けることで、その理由が拡大し、解決が促進されることを感じてみよう

〈スケール・クエスチョン〉

スケール・クエスチョンでは、0－10のスケール（10が最もエンパワーされた状態）を使い、現在の状態を数字で表す。

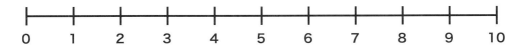

仮に、あなたのパワーが4だとすれば、4はどういう状態なのか？ 何が起きているから4なのかを考えてみよう。そこにはうまくいっている理由が存在する。

4から5に近づくために、どのような方法があるだろうか？ そのために使えるリソースはあるだろうか？ 取り組むべき課題を何か1つ決めて、実行してみよう。

問題だらけのなかで「比較的、うまくいっていることは？」と尋ねるのは、ちょっと変かもしれない。でも、うまくいっていることには、理由があることに気づいてほしい。その理由が解決への鍵となる。

がんと闘っている浅川さん夫妻は、「問題を抱えてから、夫婦の絆が強くなった…そのことに気づいてから、毎日、大変だけど、幸せなんだ」と話してくれるようになった。

大切なのはゴールへの向き

スモールステップを進むとき、ゴールへの向きが大切になる。高速道路で渋滞になったときは、いつも自分に言い聞かせる。「大丈夫…ゆっくりでいい。この道がどこへつながるのか、確かにわかっているから」。

それに比べて、道に迷い、自分がどこにいるのか、どこへ向かうのか、わからないことは不安だ。問題を解決するときは、まず自分が向かうべきゴールを見つめよう。そうすれば、どんなに歩みが遅くとも、必ずそこに到達できる。

STEP 3 エッセンスをスキル化する

問題解決アプローチ（MCO）、課題中心アプローチ、解決志向アプローチを組み合わせると、次のようになる。まず全体を眺めてみよう。

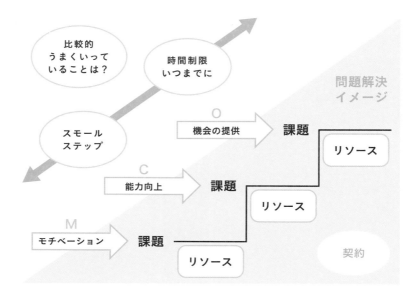

　課題中心アプローチは、時間制限のある「スモールステップ方式」の枠組みを提供する。そして1つひとつのステップごとに、問題解決アプローチのMCOモデルが導入され、リソースの活用も検討される。

　スタート時点で、解決志向アプローチの「問題が解決されたイメージ—解決像」を把握し、途中、「比較的、うまくいっていること」に焦点を当て続ける。

　これらのコンセプトと全体像を理解したうえで、スキル化すると、次のような流れになる。

統合された問題解決スキル

1. 問題解決に向けて、ソーシャルワーカーとクライエントの互いの役割、締め切り（期間）を伝え、**契約**により同意を得る
2. **スケール・クエスチョン**で、現在の状態（数字）を確かめる。次に、どのような状態（数字）になれたらいいか、希望を尋ねる
3. **問題が解決された状態**（希望した数字）は、どのような状態かを**イメージしてもらう**
4. そのイメージにたどり着くために、**比較的、うまくいっていることを探してもらう**
5. **うまくいっていることを続ける**ように伝える
6. うまくいってないことは止めて、**何か新しいことをする**ように伝える
7. 何か新しいことをする場合、**目標を設定**し、最初に取り組む**課題**を決めてもらう
8. 最初の課題を遂行することで、次の課題に至るよう、**スモールステップ**で進める
9. 課題に熱心に取り組めるように、**M（モチベーション）**を高める。
10. 次に、必要な**C（能力向上）**を行う
11. 次に、**O（機会の提供）**を行い、能力を発揮できた経験を記憶してもらう
12. 課題を遂行するために、必要なリソースを探し、提供する

原因を一旦、脇に置き、目に見える問題を解決するべきだ。血を流している者に、「なぜ血が出ているのか、一緒に考えよう！」など、誰も言わない。血を止めることが、最も大事な課題だ。そうして1つ解決するたびに、1つ力が戻ってくる。その力を強めていきたい。

「問題が解決された未来像」——ミラクル・クエスチョン

　ミラクル・クエスチョンは、不思議な質問法だが、体験してみた人は、その効果を理解している。次のような質問を投げかけ、その場面を一緒に考えてみるとよい。

「今晩、寝ている間に奇跡が起こり、朝、問題がすっかり解決していれば、それは、どんなことから気づきはじめますか？」

　質問を投げかけたとき、クライエントの目線に注目する。彼らの目線が、ほんの少し上に注がれ、どこか遠くを見ているような仕草になるなら、脳が、解決された未来像を探しているサインだ。続けて彼らに「何が見えているか？」と尋ねるなら、問題が解決された未来像を共有できるだろう。

　共感は、英語では Put yourself in someone's shoes と表現する。これは文字どおり、誰かの靴を履くという意味だ。
　問題だらけの道を、解決まで一緒に歩くには、クライエントの靴を履き、まず、その気持ちを理解するべきなのだ。

振り返ってみよう——「問題解決」

　ここでとりあげたエッセンスは、あなたに、どのような力を与えてくれただろう？　気づいたことを書き記してほしい。
　ジレンマや葛藤を抱え、パワーレスになるとき、あなたは、これらのエッセンスを、どのように応用できるだろう？

エッセンスがあなたに与えた力	どのように応用できるか

問題解決

5

6 リフレーミング
―認知理論・NLP―

北原　＜ NPO 法人代表＞

　壁にかけた絵は、いつも同じ風景を映している。この絵を、妻が違う額に入れ、別の壁にかけ直した。すると不思議なことに、異なる風景を見せるようになった。

　同じ絵でも、額によって、また見る位置や角度によって、こんなにも違う景色になるのだと知った。

　人はいつも、自分が慣れ親しんだフレームからものを見る。それを変えることができれば、さまざまな否定的感情を和らげることができる。

原島　＜児童相談所ソーシャルワーカー＞

　外壁の汚れを落とすのを手伝ったことがある。薬剤が目に入らないように、スキーのゴーグルをかけたとき、あたり一面がオレンジ色に染まった。その瞬間、「世界は、思っている以上に明るいのかもしれない」と感じた。

　北原先生は、よく「もっと幸せになる見方がある」と教えてくれた。それはきっと、今かけているゴーグルを変えることなんだと思う。

STEP 1　エッセンスを見出す

フレームは風景を変えるのか?

　「同じものでも、全く違って見える!」そういう瞬間はないだろうか?「どうして今まで気づかなかったのか?」とさえ思う。もし抱えている問題に対しても、別の見方、発見があるなら、物事は大きく進展し、解決に至る可能性がある。　これは驚きの経験だ。

　壁にかけられた絵の「額」、オレンジ色の「ゴーグル」は「フレーム」だ。これを変えることで、物事の解釈、意味づけに変化を与えることをリフレーミングと呼ぶ。

家族療法では、古くから、治療の枠組みをとらえ直すことで、解決の糸口を探すリフレーミングが活用されたが、同じような手法は、ほかのアプローチにもみられる。私はリフレーミングを、認知理論とNLPの2つのエッセンスから整理してみたい。

「認知」というフレームを柔軟に変化させる

認知理論では、同じ出来事を経験しても、認知（フレーム）の差異が、感情に影響を及ぼすことに着目している。コップに半分入った水を、「半分もある」ととらえた場合は楽観的に、「半分しかない」ととらえたなら、悲観的になるというのが、よくあるたとえだ。つまり認知というフレームが、私たちの感情を左右する重要なファクターになる。

半分もある　　楽観的

出来事 ➡ **認知** ➡ **感情**

半分しかない　　悲観的

この理論からリフレーミングを整理するなら、「認知をもっと柔軟に変化させることで、新しい解釈と感情を引き出す」ということになる。

毎夏、庭が巨大な雑草で覆われても、忙しさのため手入れができず、落ち込んでしまう。そこでこう考えることにした。「この際、雑草を楽しもう。彼らの生き生きとした生命力から学ぼうじゃないか！」。一旦、そう決めたら、不思議と雑草の花さえ愛おしく見ることができた。

通常、人は決まったフレームから見る傾向がある。それは私たちの認知の根底に、経験によって刻んだ強固な信念があるからだ。しかし、そのために否定的感情で苦しむとすれば、リフレーミングによって、認知を変えるという選択がある。

脳のメカニズムを活用してフレームをつくり直す

私たちの脳には、過去の経験によってつくられた数多くのフレームがある。そこには否定的なものも含まれており、なかには、トラウマと呼ばれるものさえある。こうしたフレームは、一旦できあがると、修正しない限り、無意識に動き出し、私たちを支配し苦しめる。

NLPでは、五感による経験や言語を意図的に活用し、脳に新しいプログラム〈フレーム〉をつくり直そうとする。幼い頃、犬に追いかけられた女性は「犬恐怖症」になり、〈犬＝危険〉というフレームが脳を支配した。相談を受けたドックトレーナーは、「犬はとってもかわいいんだよ！」と話しながら、犬を触らせ、散歩させ、そして抱っこさせる体験を通して、彼女の脳に、〈犬＝かわいい〉という新たなフレームをつくることができた。

6

リフレーミング

あなたには、否定的なフレームがあるだろうか？　それはどのようなときにあなたを支配するだろう？　新しいフレームをつくること〈リフレーミング〉は可能なのだろうか？

交通事故で足を負傷し、数か月入院した。最初は自分の不運さを呪った。ところがリハビリに来ていた1人の患者を見たとき、その気持ちはすぐに消えた。

彼は足を切断し、それでも社会に復帰しようと努力していた。片方の足で必死に歩こうとする姿を見ながら、「私にはまだ足がある。今の痛みなど、取るに足りないものだ」と感じた。

あの日、現実は何1つ変わらないのに、私のなかの新たな見方（フレーム）が、私の思いを完璧に変えてしまった。

経験は強力なフレームをもたらす

皆さんにも、北原と似たような経験があるかもしれない。私は何度か失業を経験した。その不安、つらさは、私のフレームとして記憶に残り、時に私を助けてくれた。どんなに仕事が忙しく、過酷なスケジュールになっても、「仕事があるだけまだいい」と思えたからだ。

しかし、同じ失業という経験も、人によっては「また仕事を失うかもしれない」という恐怖のフレームになるかもしれない。経験によってつくられるフレームは実に強力だ。それがあなたにとって、よいものか、悪いものか、深く考えてみるべきだろう。

フレームを変えるなら意味、そして感情までも変わる

経験によってできたフレームが、否定的な感情をもたらすなら、新しいフレームをつくり直すことで、肯定的な感情に変えることができる。

ある母親は、家のなかを汚し、散らかす子どもたちに、ひどく落ち込んでしまった。努力している自分が惨めに見えたのだろう。NLP創始者の1人バンドラー（Bandler, R.）は、母親に次のように声をかけた。

「目を閉じて想像してみてほしい。いつか子どもたちは、この家を出て、あなたは1人になるかもしれない。そのとき、どんなに願っても、誰も部屋を散らかしてはくれない。騒がしい声も聞こえない。そのとき、どんな気持ちになるだろう？　そう考えると、今、子どもたちが部屋を汚し、散らかし、騒ぎまわる声は、あなたの愛する者が、まだ、あなたと一緒にいる証で

はないだろうか?

参照:リチャード・バンドラー・ジョン・グリンダ―著、吉本武史・越川弘吉訳『リフレーミング——心理的枠組の変換をもたらすもの』星和書店、1988 年から川村が要約

母親は、そのとき、新しいフレームから、将来の自分の姿を眺め、目に涙を浮かべて悲しんだ。それから再び汚れた部屋を見たとき、最初とは全く違って、それが愛おしいとさえ感じた。苦痛な現実であっても、新しいフレームから眺めることができれば、意味、感情までも、よい方向に変えることができる。

子どもの頃、スキーで捻挫し、「もう絶対にやりたくない」と思った。その後、大学時代、仲間たちに誘われ、迷ったけれど、もう一度、チャレンジしてみることにした。

スキー教室で学んだ後、上手に滑れるようになり、本当に楽しかった。今では、スキーが1番好きなスポーツになった。

過去の経験は、確かにトラウマだが、再経験を強めるなら、フレームを上書きすることができるのではないか?

6

リフレーミング

再経験によるフレームの上書き

すべての経験が上書き可能となるかは、再経験によってつくられるフレームの強さによる。大切なことは、フィードバックを用いて「成功できた」という思いを強め、効果の法則につなげることだ。

高校受験に失敗したある学生は、大学受験でも失敗するイメージしかもてずにいた。しかし努力し、望んでいた大学に合格できたとき、家族や友人、担任の先生から「あなたなら絶対にできると信じていた!」と言葉をかけられた。彼女の再経験は、大切な人々からのフィードバックによって強められ、これまでの〈受験=失敗〉というフレームが〈受験=成功〉という強いフレームに上書きされた。

不幸にも、すでにもっているよいフレームが、理不尽な再経験により壊れてしまうこともある。その場合、再経験を弱め、もとのよいフレームを強め直すか、全く新しいフレームを提供することで、効果の法則につなげるという方法がある。

経験は「相対的なフレーム」

経験が相対的であることを感じるために、次のワークに取り組んでみよう。

❶　2つの洗面器を準備し、片方に水だけ、もう片方に水＋氷を入れる

❷　最初、水に手を入れ、冷たさを確認する

❸　その後、氷水に手を入れ、さらに冷たい感覚を確認する

❹　次にもう一度、元の水に手を入れると、前よりも「温かく」感じる

はじめに冷たいと感じた水が、あとで「温かく」感じるのは、あなたの経験が絶対的ではなく、相対的であることを示している。水ではなく、実際の経験ではどうだろう？　同じ経験であっても、感じ方に変化が生じたことはないだろうか？

フレームをさらに広げる経験

　人は時に「近視眼的」になってしまう。それは経験を、あまりにも小さなフレームにはめ込み、目の前に近づけて見ようとするからだ。次のワークが役立つだろう。

❶　小さな砂粒を目の前に近づけてみる。そのとき、砂粒は巨大に見える。それが「近視眼的」というものだ。このとき、あなたの目には、問題しか見えないことになる

❷　次に砂粒を、少しずつ目から離す。するとフレームは広がりはじめ、ほかの風景が入ってくる。それに伴い、問題の占める部分も小さくなっていく

❸　外へ出て、砂粒を空にかざしてみよう。大空という、さらに広いフレームのなかでは、ただの砂粒でしかない

❹　最後に、砂粒を宙に放り投げてしまえば、幾分、気持ちも軽くなるだろう

　どの問題も砂粒ほどのものとはいえないが、目の前から引き離し、大きなフレームでとらえ直すことができれば、感情は変化する。抱える問題もフレームも、相対的だということが理解できただろうか？

　人生という、長く、大きなフレームで問題を眺めるなら、取るに足りないものだったり、後で、強さを与えてくれる貴重な教訓にさえなる。

　ただ人には感情がある。そこは理屈じゃない。つらいものはつらいし、うまくいかないと、誰だって落胆する。自分が慣れ親しんだフレームを捨てるのはとても大変なことだ。

　そういうときは、誰かが、もっと大きなフレームで見られるよう助ける必要がある。よく聴き、否定的感情を吐き出してもらうなら、フレームは少しずつ広がっていく。

過去の出来事を検証してみよう

　時間の経過とともに、私たちのフレームは柔軟に広がっていく。それに伴い、問題を自然と受け入れることができるようになる。過去に抱えた問題や失敗、期待外れのことを、当時はどのようなフレームでとらえ、その結果、どういう感情をもったのか記してみよう。

　その後、時間が過ぎて、今はどんなフレームでとらえ、どう感じているのかも記すなら、柔軟になっていく経過とパターンが理解できる。

出来事	当時	現在
部活の試合で予選敗退した。	当時は、1つの小さなフレームだけでみた。その頃は部活がすべてにみえたので、絶望した。自分には何の才能もないと感じた。	今はもっと広いフレームでみることができる。部活は人生のほんの一部。いい思い出になった。今では、自分の才能や向いていること、不向きなこともわかってきた。

　時の流れとともに、広いフレームで見るようになったもの、あるいは、そうなれないもの、両方あるかもしれない。おそらく現在、目の前にある問題も、時間が過ぎるなら、同じような経過をたどる可能性が高い。

　では、時間をかけなくてもフレームを広げたり変えたりするには、どうすればいいのだろう？あなたの考えを記しておこう。それが見つかるなら、リフレーミングのスキルにつながる。

　　　　　　ヤングケアラーとして育った少年は、病気の母親を世話しなくてはならず、大人としての現実的なフレームをもっていた。ただそれだけでは、自分が壊れてしまうため、自然と自らを守るためのフレームもあった。そこ

6
リフレーミング

から眺めるなら、彼はいつも自由に夢を見ることができた。それは彼が生き延びるための、唯一のフレームだったのかもしれない。

このことは悲劇だが、フレームの力を感じた。たった1つのフレームであっても、人は心を自由に解き放つことができるのだ。

リフレーミングは命綱になる

過去を振り返ると「あの頃は大変だったけど、今ではよい思い出だ」と感じることがある。確かに、時の流れは私たちのフレームを広げ、問題を小さくしてくれる。

しかし、今日を生きる人々にとって、問題はあまりに大きく、重く、未来など見えないこともある。彼らにとってリフレーミングは命綱になる。フレームを少しだけ広げたり、新しいフレームをつくったりするなら、苦痛は弱まり、希望が見えてくるだろう。

STEP 3　エッセンスをスキル化する

「脳のメカニズム」を理解する

脳は危険や痛みを避け、安全や快を基準にフレームをつくる。例えば、犬を危険と察知すれば、当然、近寄らせないフレームができあがる。また脳は「何も考えていない」空白状態を嫌う。そのため、経験したり質問されたりすると、無意識に意味や答えを探しはじめ、何かに焦点を当てようとする。

ところが脳は、同時にいくつものことを、見たり考えたりすることは苦手だ。そこでシンプルに、自分が見ようと思う1つのことだけに焦点を当てる。言い換えると、焦点の当たらないことは、脳には見えない。したがって「苦痛に思えることから、脳の焦点をずらす」ことが、リフレーミングのスキルとなる。

脳におけるフレーム作成のプロセスを理解する

何かを経験すると脳にフレームができる。しかしそのフレームは、無意識のうちに、私たちをコントロールする。これは行動理論の刺激─反射の関係に似ている。

これまでの経験から、あなたはどのようなフレームをつくってきただろう？　またそのフレームによって、何が制限、あるいはコントロールされてきただろう？

「努力は必ず報われる」というフレームだと、失敗したとき苦悩に陥る。「原因を追及するべきだ」というフレームでは、物事の不完全さ、人の至らなさばかりを責めることになる。

自分のフレームだけが正しいと過信するのではなく、もっているフレームを緩めることを学ぼう。

人は自分が見たいと思うことだけを見ているに過ぎない。だから、いろんな人の考え方を知れば、さらに広く、長期的なフレームをもてる。

私は高い山に登り、壮大な景色を見渡すのが好きだ。そこでの自分の問題は、実にちっぽけだ。

無意識のフレームを抑え、新たなフレームを意識的に選択する

実際にリフレーミングする場合、無意識に機能する従来のフレームを抑え、言葉や体験により、新しいフレームを、意識的に選択することになる。それがうまくできれば、私たちの感情は解放される。

新しいフレームを選択するために、「質問」という方法を活用する。それは質問された内容を、脳が焦点化するからだ。質問されると、脳はわからないことを探しはじめ、やがて、答えを求める過程で、新しいフレームを意識するようになる。

自問自答や1対1でもいいが、グループで話し合うと、他者の異なるフレームを経験できるので有益だ。同じ質問であっても、肯定的な面を強調しよう。例をいくつか挙げる。

項目	リフレーミングの質問
新しい事実や事情、理由の発見	何かほかの事実（事情、理由）があると考えたことはありますか？
過去と現在の比較	以前にもっと大変な経験をしたことがありますか？　そのときはどのように乗り越えましたか？　今回はどのように乗り越えられそうですか？
楽観的な人になってみる	あなたが知っている、とても楽観的な人は誰ですか？　その人のように考えることができたら、何を思い浮かべますか？

否定⇒肯定の言葉の置き換え	神経質になってしまうとは…おそらく、「とても細やかな配慮ができている」ということですか？
すべてを貴重な経験や教訓、学習ととらえる	今回のことは、あなたのなかで、どのような経験になっていますか？　そこから何を学べましたか？
出来事を「人生」という長い物語や時間でとらえる	あなたが今、まさに人生の物語をつくっているとしたら、この出来事は、今後、どんな展開になるでしょう？　それはどんな結末を迎えるのでしょう？　最終的にこの出来事は、どのように肯定的な意味をもつようになるでしょう？
自分で考えてみる…	

　　　　人が経験からつくり上げたフレームは強固であり、広げたり、変えたりすることは難しい。一瞬、変えることはできても、すぐに戻ってしまうことも多い。
　私は、自分の脳のメカニズムをよく知ろうと努力した。そして、何事でも自分で経験してみた。自分のフレームに変化を起こせるなら、他者のフレームにも変化を起こせるのではないか？

振り返ってみよう──「リフレーミング」
　ここでとりあげたエッセンスは、あなたに、どのような力を与えてくれただろう？　気づいたことを書き記してほしい。
　ジレンマや葛藤を抱え、パワーレスになるとき、あなたは、これらのエッセンスを、どのように応用できるだろう？

エッセンスがあなたに与えた力	どのように応用できるか

エッセンス 7 自分の物語を生きる
―ナラティブ・回想法・ライフヒストリー―

PROFILE

篠崎　＜障がい分野／ソーシャルワーカー＞

　障がいとともに生きる人々の物語を知るなら、あなたはきっと力づけられる。それは目の前に立ちはだかる壁を、押し続けてきた「勇気の物語」だ。

　彼らの多くは、この社会のメインストリームを歩けないかもしれない。けれど、自分だけの物語を必死に生きている。

中川原　＜保健師／ NPO 法人メンバー＞

　語ることのできる物語もあれば、沈黙の物語もある。私はずっと「声にならない声」を集め、物語をつくり上げようとしてきた。

　被災者もかつては、さまざまな声で元気に語っていた。しかし現実に打ちのめされたとき、声を失った。彼らがもう一度自分の声を取り戻し、新しい物語を語り直すならば、前に進むことができる。

STEP 1　エッセンスを見出す

チャップリンと祖父

　喜劇王チャップリン（Chaplin, C.）の人生は波乱万丈だ。恵まれない極貧生活を経て、成功、繁栄、戦争の世紀を生き、離婚と失意…彼は自身の経験する悲劇を、喜劇の物語に織り込んだ。今、彼が自らの人生を振り返るとき、何を思うのだろう？

　私の祖父は、チャップリンと同じ時代を生きた。つましい労働によって小さな家を建て、そこで私も一緒に暮らした。旧国鉄の保線作業員として働き、定年後は地元の駅の窓を拭いた。毎日が同じ生活の繰り返しに見えた。チャップリンの死後、２年経って彼も世を去った。祖父は自らの人生を振り返るとき、何を思うのだろう？

自分だけの物語を「主人公」として生きる

　チャップリンも祖父も、自分だけの物語を、主人公として懸命に生きた。チャップリンは偉

大な芸術家として、祖父は名も知れぬ作業員として。スケールや有名か無名かの違いはあるが、それぞれが自分の物語を生きる。もちろんあなた自身も今、自分の物語を生きている。

あなたは主人公なのだから、人生の舞台から降りることはできない。いろんな出来事を乗り越えながら、いつか幕が閉じられる日まで演じ続ける。たとえ観客がいない日でも、スポットライトが当たらなくなっても、それでも物語を生き続けるしかない。

人生の物語を問題解決に活かす

こうした人生の物語は、私たちの問題解決に、どのような力を与えてくれるだろうか？　物語を治療に活かす手法に、「ナラティブ・アプローチ」がある。また、過ぎ去りし思い出をたどる「回想法」や「ライフヒストリーの視点」もある。これらのエッセンスを確認するために、まずはあなたの記憶のアルバムを開いてみよう。

人は物語を通して自分自身とその人生を意味づける

人生において経験する出来事は、記憶の床に散らばる写真のようなもの。それらを過去、現在、未来という時間軸に沿って１枚ずつ選び、つなげていくと、まとまった物語のアルバムができあがる。

幼い頃から、野球しかやってこなかったと話す青年に会ったことがある。

「小さい頃の思い出は？」
「野球ですね」
「小学校で１番、記憶に残っていることは？」
「野球ですかね」
「そうすると、中学、高校も当然…」
「野球ですね。もう野球しかやってきてないんで…」

彼は、「野球」という物語を通して、自分自身がどういう人物であるかを語り、また野球を通して、自分の人生を意味づけてきた。

複数の物語を同時にもっている

　実は、この青年は、野球に関する写真だけを拾い上げ、つないだに過ぎず、残りの写真はまだ床の上に残ったままだ。その写真はまるで土に埋まっている遺跡のようなもの―そこに光を当てさえすれば、出来事と出来事はつながり、別の物語たちが息を吹き返す。

　どのような出来事を選び、つなげ、物語にするかは、あなたの選択であり、あなたが、どのような物語をつくりたいかにかかっている。

　大切なことは、あなたが「ただ１つの物語」ではなく、**「複数の物語」を手にすることができる**ということ。このことは、野球青年にとって、どういう意味をもつのだろうか？

　その青年のことを覚えている。彼は大学の野球部に入ったけれど、途中で事故に遭い、歩くことができなくなった。そのとき、プロになるという夢は粉々に砕け散った。彼は言った。「野球しかやってこなかった人間から、野球がなくなったら、私には何もない」。

　私は彼に言った。「あなたは、自分には野球しかないと思い込んでいる。もちろんあなたには、もっとほかのものがある――それを探したほうがいい」。

ドミナントストーリー　vs　オルタナティブストーリー

　「あなたの人生のアルバムを見せてください」と尋ねられ、最初に紹介するものがドミナント（主流）の物語だ。「私の人生は問題だらけだ！」と語る人もいれば、「これまでの成功に感謝する」と話す人もいるだろう。

　ドミナントは主流、かつ主観であるため、彼らが選び、語ることができる。そして、それが真実かどうかは問わない。貧しさと富の両方を経験したチャップリンは、どちらを主流として語るのだろう？　またあなたは、何を主流として語るだろうか？

　主流の陰に埋もれてしまった出来事の遺跡を掘り起こし、つないだものが、オルタナティブ（代わり／新しい）の物語となる。自分の主流の物語に苦しむ人々は、このオルタナティブに関心をもつとよい。

　複数の物語を同時にもてるなら、自分の人生を、さまざまな視点で振り返ることができる。では、ドミナントからオルタナティブへの道は、どのように歩いていけばいいのだろう？

7

自分の物語を生きる

問題の外在化によるドミナントの解体

問題が染み込んだ主流の物語に悩まされているなら、それを壊してしまう必要がある。問題を人から切り離すこと（外在化）により、それは可能だ。

問題の外在化には認知やイメージの力を使う。問題に名前をつけ、動きまわるもの、生きているものとして扱うことで、切り離し、動かし、外へ出すことができる。問題が外在化できれば、ドミナントは弱くなり、やがて解体される。

ここでよく聞かれるのは、「問題は、切り離したり、外へ追い出したりできるのか？」ということ。例を挙げよう。

 「人が問題ではない。問題が問題だ」って意味わかる？

僕自身が問題ではない…僕のなかの問題が問題ってこと…。

 そのとおり、問題はあなたのなかに入り込んだもの…あなた自身が問題ではない。

自分を責めるなということ？

 それもあるけど…障がいを負ったことで、問題がなかに入り込んだなら、それは外へ出せるということ。

でも障がいは治りませんよ。僕はずっと問題を抱えたままだ。

障がいはそのままかもしれないけど、そのことで入り込んだ問題は外へ出せる。そうすれば、これまで理想だった、唯一の物語に住まなくてもよくなる。

入り込んだ問題？　理想だった唯一の物語？　それは何？

　野球青年は、未来の物語がつくれず、沈黙してしまった。誰もがうらやむ人生に、外から大きな問題の欠片が入り込み、彼の理想の物語を切り刻んでしまった。

　このまま問題が住み続ける物語を、悲劇の主人公として生きるのか、それとも自らこの物語を捨て、新しい物語を探すのか、人生の大切な岐路に立っている。

ユニークな結果（例外）をつなぎ合わせて新しい物語をつくる

　問題が染み込んだ、ドミナントの物語のなかに、キラリと輝く、例外の出来事を発見することがある。そこがオルタナティブに続く入口だ。

ユニークな結果（例外）が新しい物語の扉を開く

ALTERNATIVE STORY

　野球青年と篠崎が、過去にさかのぼり、床に散らばった写真を探すなら、そうした出来事はきっと見つかる。それが次の出来事につながり、少しずつ新しい物語として語られることだろう。

自分だけの物語をもう一度手にする

　あなたにも、クライエントにも、一貫して続く、自分だけの物語が必要だ。主人公として舞台に立ち、その物語を生きるのだ。スケールの大きさや有名、無名を問わず、自分だけの物語が、その人に知恵と力をもたらすからだ。

　あなたは自分だけの物語をもっているだろうか？　主人公として、まだ舞台に立ち続けているだろうか？　あなたのクライエントはどうだろうか？　まっすぐで途切れることのない物語を語ってもらうことこそ、ナラティブの大切なエッセンスなのだ。

STEP 2　エッセンスを感じる

アルバム作成──ライフヒストリーを振り返る

7

自分の物語を生きる

❶ 幼い頃から現在に至るまでの写真を集め、選択し、時系列にアルバムに収めていく
　　（幼稚園、小学校、中学校、高校、大学、社会人、結婚、子育て…等）

❷ 並べた懐かしい写真を眺めながら、１つひとつコメントをつける

❸ 最後に、集めた写真に共通するテーマを考え、タイトルをつける

❹ さまざまな写真アプリ、スライドショー等を活用してもよい

　１つのアルバムを作成した後、選ばれなかった写真（出来事）について考えてみよう。そうした出来事同士をつなげて、ほかのアルバムをつくることは可能だろうか？　あるいは、同じ写真でも、別のアルバム（物語）のなかで、語ることはできるだろうか？　このような作業を通して、あなたが複数の物語を同時にもっていることを確認しよう。

ライフヒストリーを語る──回想法（ライフレビュー）

　手にしたアルバムを開きながら、過去の懐かしい出来事や思い出を語ろう。それを誰かに聴いてもらいながら、自分の経験を振り返ることで、どんな力が得られるだろう？

　回想法は、主に高齢者を対象に、生きてきた思い出や歴史を聴き取るものだが、物語を共感的、支持的に傾聴することができれば、どの世代にも適応できる。

	選んだ出来事／思い出	語ったこと	振り返り得られた力
例	小学校のときのマラソン大会	家族や町の人々が応援するなか、頑張って走り続けた思い出。賞に入ってうれしかったこと。	純粋に何かに打ち込んだことは、すばらしい力になると再認識した。あの頃の地域には、人々の強いつながりがあった。

　自分だけの歴史（物語）は大切な遺産であり、セピア色に輝く映像とともに、失ってしまった多くのことを、鮮明に思い出させてくれる。それは今、直面する現実を乗り越える力となる。

　私は人々の生きてきた歴史を大切にする。多くの人は目を輝かせながら、古きよき時代のことを語る。そして当時の思い出に浸り、幸せな気持ちになる。誰にとっても思い出は財産だ。

　物語を聴いて、何かを解決するわけではない。ただ語るままに聴き、受け止め、共感する。ある高齢女性が言った。

　「私の小さな人生経験を聴いてくださり、ありがとうございます。おかげで、自分の生きてきた経験を、大切にしたいと思えるようになりました」

　誰もが自分の人生を大切だと思いたい。それは、誰かが聴いてあげることで可能になる。

創作の物語から学ぶ

映画、演劇、ドラマ、文学、絵本、歌…たくさんの創作物語にふれることで、あなたの感性は研ぎ澄まされる。「物語」は、時代を超えて、私たちに深い共感をもたらしてくれる。

加藤久仁生監督の映像作品「つみきのいえ」を視聴したとき、これはナラティブそのものではないかと感じた。またシェル・シルヴァスタイン著「大きな木（The Giving Tree）」という絵本を読んだとき、人間にとっての「帰属意識」について深く考えさせられた。パラパラ漫画「振り子」では、止まることのない時の流れの不条理さに涙した。

大切なものを失うと、物語は止まる。失望し、すべてを投げ出してしまうのだ。そうして自己憐憫という問題が外から入り込み、あなたの心のなかで暴れ出す。

問題を外へ追い出すには、これまでの物語に終止符を打たなくてはいけない。そうすれば、新しい物語をつくり出すことができる。昔の思い出は、美しいまま、アルバムのなかに置いておけばいい。

物語においてテーマを追求する

人は物語を生きるなかで、テーマを追求する。野球青年は、けがにより、追求するべきテーマを見失った。篠崎はそのテーマを、同じ物語のなかで見直すか、あるいは別の物語のなかで実現するか、道を模索している。いずれにしても、もう一度、テーマを追求する道を進ませることが、自分の物語を生きることにつながる。

黒澤明監督は「生きる」という映画で、役所で、事なかれ主義で過ごし、何のテーマももたずに生きてきた主人公を描いた。自分の死期が近いと知った彼は、住民のための「公園づくり」に命をかけて挑む。

テーマをもった後、彼は生まれ変わった。自分の物語の最後に、大きな満足感を覚えた。公園のブランコに揺られながら「命短し、恋せよ乙女」と歌うシーンは、テーマを追求しながら、物語を生き抜いた者としての喜びであふれていた。

あなたが物語において追求しているテーマは何だろう？　あなたはそれを意識できているだろうか？

STEP 3　エッセンスをスキル化する

ユニークな結果から、新しい物語をつくり上げる

新しい物語をつくるための、スキル（例）を挙げる。

自分のアルバムを見返して、気づいたことを話してみて？　きっと野球以外、たくさんの経験があるはずだから。

野球以外ですか、どうだろう？
アルバムには、野球しかないけど…ただ気づいたことは、いつも家族が応援に来てくれていたのに、彼らの姿が写真に写っていない。

写ってはいないけど、応援席にはいつも家族がいたんだね。彼らの声は届いていたかな？

今、振り返ると、家族の声なんて聞こうとさえしていなかった。本当は、みんなに支えられて、野球をしていたのに。みんなの夢でもあったのに…そう思うと、なんて自己中だったのだろう。今でさえ、自分だけが悲しいと思っている。応援してくれたみんなだって悲しかったはずなのに。

そのことは、「ユニークな結果」にみえる。野球ばかりのアルバムの向こうに、たくさんの応援してくれた人の姿があった。そして彼らも悲しかった。

自分の物語ばかりに目がいってしまい、支えてくれていた人々の物語の存在を忘れていた…。家族との素敵な思い出をつないでいけば、新しい物語になるかな？

話してみて。応援してくれた人々との素敵な思い出を…。あなたのまわりには誰がいた？　家族？　友達？　どんな素敵な思い出があった？

父は幼い頃から、一緒にキャッチボールをしてくれた。どんなに疲れていても、断らなかった。母は毎朝、特大のお弁当を2つもつくってくれ、車で送ってくれた…そういえば、両親の目の前で一度だけ3塁打を打ったことがあった。あのとき、喜んでくれた姿が忘れられない。

あなたがガッツポーズで走る姿やご両親が歓声をあげる様子が手にとるように感じられる。きっとあなたは、彼らに喜んでもらいたかったのかもしれないね。

両親はどんなときも喜んでくれた。運動会、遠足、受験、入学式、卒業式…両親にとっては、きっと野球でなくてもよかった。どんなことでも喜んでくれた。それはきっとこれからもそうだと思う。

聴きたいな…運動会、遠足、受験、きっと、たくさんの物語があったと思う。どの物語を選び、何を語りたい？　そして、どんなテーマを追求したい？

まだわからない…でも自分だけじゃなくて、ほかの誰かのために…両親がそうであったように、ほかの誰かを応援できるようなテーマをもって、次の物語をつくれたらいいと思う。

　　試練に遭う人々を、助けることはできても、物語を代わりに生きることはできない。物語は主人公のものであり、誰もが「主体」となり、自らテーマを求め、それを生き続けるしかない。ソーシャルワーカーは、その責任と覚悟をクライエントに伝える役割がある。

振り返ってみよう──「自分の物語を生きる」

　ここでとりあげたエッセンスは、あなたに、どのような力を与えてくれただろう？　気づいたことを書き記してほしい。

　ジレンマや葛藤を抱え、パワーレスになるとき、あなたは、これらのエッセンスを、どのように応用できるだろう？

エッセンスがあなたに与えた力	どのように応用できるか

「未解決の葛藤」を解き放つ
―ゲシュタルトセラピー・フォーカシング・呼吸法―

PROFILE

和田　＜精神保健福祉士＞

　朝、何かにうなされて起きた。そのとき、心のどこかにまだ問題が残っていて、身体が悲鳴を上げていることに気づいた。

　長いことその声を無視し、痛みを感じないふりをしてきたのかもしれない。ちぐはぐになった心と身体を探り、本当の気持ちを受け入れることができるだろうか？

原島　＜児童相談所ソーシャルワーカー＞

　社会で生き抜くことは楽ではない。それはクライエントもソーシャルワーカーも同じ。彼らは、理想と現実の狭間での葛藤を経験するとき、やり場のない感情を沈めるかもしれない。その感情が出口を求めていることに気づいたなら、身体に声を与え、ちゃんと向き合い、決着をつけることを勧めたい。

STEP 1　エッセンスを見出す

「未解決の葛藤」を感じたことがあるか

　これまで解決に焦点を当てたり、リフレーミングで枠組みを変えたり、さまざまな方法で、現実を小さなものとして見ることができた。それでも未解決の葛藤に苦しむことがある。そうした場合、どのように向き合い、折り合いをつければいいのだろう？

　もしあなたのなかに、未解決の葛藤がある場合、どこかの時点で、身体に痛みが現れるかもしれない。そのときあなたは、そのサインを無視してはならない。痛んだ身体が本当の「あなた自身」なのだから。

　理想と現実の狭間で葛藤に苦しむとき、人は解決を先に延ばし、前へ前へと進み、結果、行き場のない葛藤がどこかに残る。あなたはどうだろうか？

　心のどこかに、やり過ごしてきた問題、今も修復できずにいる心の傷、ふれることのできない否定感情はないだろうか？

　未解決の葛藤に決着をつけるため、ゲシュタルトセラピー（以下、ゲシュタルト）やフォーカシングのエッセンスを活用してみよう。無意識の領域に取り残された痛みが、あなたの身体に訴えているなら、今がその声に耳を傾けるときなのかもしれない。

心と身体の全体性──ゲシュタルト「今ここ」での「気づき」

　ゲシュタルトを生み出したパールズ（Perls）夫妻は、心、身体、思考、情緒は分割できないもの、つまり、意味のある1つのまとまり（全体性）であると訴えた。実際、心が痛めば身体も痛む。両者は切り離せない関係にある。

　未解決の葛藤からくる痛みは、あなたの身体に現れる。その身体に声を与え、「今ここ」で何を感じているのか、耳を傾け、対話してみよう。そうすれば自分の本当の気持ちへの「気づき」が得られる。

　その気づきを受け入れるとき、分離していた心身は再び統合され、葛藤は和らぐ。このときの気づきは、知識ではなく、身体感覚による体験レベル。禅の「悟り」に近いもので、英語では「Ah-ha（そうだったのか？）体験」という。

　ゲシュタルトは、過去に戻って原因を探らない。むしろ過去から引きずってきた未解決の問題を永遠に手放すために、「今ここ」に存在し、答えを探し、どのような選択ができるか気づけるように促す。

図と地──反転

　「ルビンの盃」に注目してほしい。あなたには白い「盃」と黒い「人の顔」どちらが見えるだろう？　ゲシュタルトでは、あなたに見えるほうを「図」、見えないほうを「地」ととらえる。

　人が「図」に意識を向けるとき、ほかのことは「地」であり、見えてこない。しかし「地」に意識を向け直すなら、これらは反転する。

　人は習慣的に、自分が意識を向けている「図」だけが、真実の世界だと思うかもしれない。しかし、新たに意識を向けさえすれば、「地」の存在に気づく。これはあなたの「気づきの選択」であり、あなたはこの選択に責任をもつ必要がある。

人は「地」にたくさんのものを置き忘れている。あなたが長い間、抑圧してきた無意識の葛藤や感情もそこにあるかもしれない。

あの朝、全く動けなくなってしまった。全身が痛みを訴えているようだった。しばらく天井を見つめながら、遠い昔、心の底に沈めた「何か」が存在しているように感じた。

すぐに仲間に助けを求めた。友人は言った。「和田君、ちゃんと身体の声を聴いてみて！ それがあなた自身なんだから」

やり方はわからなかったが、身体に静かに語りかけた。「どうした？ 何が起きてる？ 言いたいことがあるのか？」

身体の本当の声を聴く──フォーカシング

フォーカシングは、まだ言葉にならないような、「今ここ」での身体感覚に意識を向け、そこから発せられる声に「気づく」ことで、未解決の葛藤を解放しようとする。

身体の小さな痛みや声に、受容的に、思いやりを込めて耳を傾けるなら、身体のほうがあなたに話しかけてくるのを、感覚として気づけるようになる。それを言葉にしていくプロセスから、本当のあなたが伝えたい声、メッセージを聴くことができる。こうした、より深い部分への気づきによって、心と身体の苦痛が解放されていく。

フェルトセンスとの関係性を大切にする

フェルトセンスとは、喉がつまる、胸が締めつけられる等、身体の内側で起こっている、言葉にできない意味感覚を指す。フォーカシングにおいては、フェルトセンスとの関係性が特に重要だ。

フェルトセンスに対して、まるで古い友人であるかのように話しかけ、聴き、時には待ち続ける。無理に感情のなかに入り込むのではなく、そのままでいることを認め、時には、ただ黙って傍らに座り、ともに感じ合う。このような関係性が内なる変化を起こす。

具体的には、まず身体の内側（喉、胸、胃等）の小さな変化に注意を向け、軽く挨拶をする。そして「何か注意を向けるものがある？」と尋ね、身体が声を発するまで、ゆっくりと待つ。

まるであなたの身体が生きていて、そこに座っているかのように対話するならば、身体は、言葉にできない「意味ある感覚」を伝えはじめる。その感覚に合致した言葉や名前をつけながら、少しずつ気づきを重ねていく。思考による解決を急ぐ必要はない。ゆっくりと、1つひと

つの気づきを大切にしよう。

　私は自然にフォーカシングをしている。胸が痛むとき、近くの浜辺を歩き、懐かしい友人に話すように、身体と対話する。「こんにちは…今、何か話したいことはある?」
　最初は何も聞こえず…ただ波が岸に打ち寄せる音だけ…それでもずっと待っていると、いろんな感情が流れ込んでくる。私はその感情とともに、ただ歩き続けるだけ…それだけで私自身、解放されていく。

身体への気づき──2つのアプローチの到達点

　ゲシュタルトは実存主義の影響を受け、「今ここ」に生きている人間の選択に、責任を求めている。葛藤を真正面からとらえ、ダイナミックな手法で解決するイメージがある。

　フォーカシングをつくったジェンドリン(Gendlin, E.)は、ロジャーズ(Rogers, C.)のもとで学んでおり、身体の感情に対して、より受容、共感的な手法をとる。見方によっては、フォーカシングは、自分自身を対象にした、より繊細な傾聴技法である。

　パールズ夫妻は、ゲシュタルト心理学から「心と身体の全体性」に導かれ、ジェンドリンは、「身体的な気づき」のあるクライエントが、セラピーでは成功しやすいことを発見し、フォーカシングにつなげた。2つの異なるアプローチが、最終的に到達した、最も重要なことは、**「思考ではなく、身体で感じること」**だった。未解決の葛藤を解決するためには、この能力を再び信頼することが重要となる。

STEP 2　エッセンスを感じる

ゲシュタルトの祈り

　パールズのワークショップに参加している気持ちになり、この祈りを、声に出して読んでみよう。英文、訳文、両方読んでみると感じがつかめる。パールズは何を強調したかったのだろう?　誰かと話し合ってみよう。

I do my thing, and you do your thing. I am not in this world to live up to your expectations, And you are not in this world to live up to mine. You are you, and I am I, and if by the chance we find each other, it's beautiful. If not, it can't be helped.

「私は私の人生を生き、あなたはあなたの人生を生きる。私はあなたの期待に応えるために生きているのではないし、あなたも私の期待に応えるために生きているのではない。あなたはあ

8

なた。私は私。もし縁があって、私たちが互いに出会えるなら、それは素晴らしいことだ。しかし、出会えないのであれば、それも仕方のないことだ」

身体に声を与えてみる

あなたの身体のどの部分でも構わない。声を与え、どんなことを語るのか聴いてみよう。思考レベルではなく、ただその感情の近くに座り、受け入れてみてほしい。

身体の部分	語ったこと	受け入れた感情
例　足	歩き続けてくたびれた	もう休みたい　あきらめたい

　胸の奥底から「孤独だ」という声が聞こえた。それは、ずっと前からそこにあった感情だ。「でもなぜ?」という考えがすぐ頭に渦巻く。ずっと幸せに暮らしてきた。好きなことは何でもさせてもらった。仲間だってたくさんいるし、どんなことにも挑戦してきた。「何が問題なんだ?」
　1人暮らしのテーブルの向かいの椅子に、誰かが座ったような気がした。その姿がおぼろげに見えたとき、心の底の「凍りついた炎」が少しだけ揺らいだ。

図と地　反転の体験

　ここでもう一度、ルビンの盃を深く見つめ、あなたが普段見ている図と地についての洞察を深めよう。図とは、あなたが焦点を当てて見ているもの。地とは、その背景であり、まだ浮かび上がっていないもの。

　人前で話すのが苦手で、よく胸が苦しくなった。その胸に声を与えてみると「怖い」とつぶやいた。その怖さを一緒に感じているとき、ふと小学校1年のときの担任教師が、とても冷たい人だったことを思い出した。力で威圧され、自分の気持ちがうまく話せなかった。親は何も言わなかった。そんな時代だった。最初、「苦しい胸」が図だった。その後、地(背景)であった担任教師の、威圧的な態度が、図として浮かびあがってきた。

　あなたにとっての図とは何だろう?　その図の背景に思いを馳せるとき、地に置き忘れた情景が、図となって現れることはないだろうか?

図（身体の声）	地（背景）

　　　　和田君は、きっと長い間、その感情と一緒にいたんじゃないかな。そしてその感情は、長い間、話せる日を待っていたんだと思う。私の助言は１つだけ、「頭で考えちゃダメ！」

　身体の声を聴こうとすれば、必ず何かを感じとれる。そのとき和田君の図と地が反転して、大切なことに気づけるかもしれない。

　私が浜辺を歩くように、和田君も、たとえば…１人で山を歩きながら対話してみたらいいんじゃない？

フェルトセンスと時間を過ごす──アーティスト・デート

　せっかくフェルトセンスを体感できても、それを思考レベルで分析するなら、潰されてしまう。ジュリア・キャメロンは、著書「The Artist's Way（＝ずっとやりたかったことを、やりなさい）」のなかで、「脳の左半球にある論理脳は大人の検察官であり、いつも私たちを批判する（フォーカシングでは、これを内なる批評家と呼ぶ）。一方、右半球のアーティスト脳は、自由な子どもで、才能にあふれ、創造的」だとする。このアーティスト脳により、フェルトセンスと交流することができる。

　キャメロンは、アーティスト脳の自由な子どもと、特別な時間を過ごすことを提案している。海辺でも山でも、街中でも構わない。難しいことを考えず、感情の赴くままに過ごす楽しいデートをしてみるとよい。

STEP 3　エッセンスをスキル化する

エンプティ・チェア

　実在の人物、あるいは、身体の痛む部分等、葛藤の対象を架空の椅子に座らせ、対話するゲシュタルトの手法。椅子に座った相手に感情をぶつけてみたり、相手の椅子に座り直すことで、何かに気づくことがある。

向こう側の椅子には誰が座ったんだろう？　見覚えのある人？

何年も会っていない親父だったように思う…幼い頃、養護施設で育ち、今の里親のもとに引き取られたんだ。

そうだったんだ…そのことは初めて知った…。
向こう側に座ったお父さんには、何を話したいの？

自分でも忘れていたと思った…親父は「また迎えに来るから…」そう言って別れたのに、二度と来なかった。ずっと待っていたのに…だから聞いてみたい。「どうして置き去りにしたのか？」って…。

今が言うときだって、身体が教えてくれたのかもしれない。ここは安全だから…どんな気持ちになったとしても、言いたかったことを言ったらいいよ。

　エンプティ・チェアに座った過去の父親に、和田は何を言うのだろう？　このことは彼にとっての、未解決の葛藤だったのかもしれない。

　ソーシャルワークにおいて、クライエントにこうしたスキルを提供する機会は少ないかもしれない。しかし、未解決の葛藤に苦しむ人々のために、何らかのアプローチが求められることだろう。そのとき、このようなエッセンスが役立つに違いない。

フォーカシングのスキル

　自分に対して、あるいは他者に対して、受容、共感的な態度で、フォーカシングしてみよう（フェルトセンスにカウンセリングをする気持ちで行う）。

プロセス	言葉がけ
身体に意識の焦点を向ける	「意識を身体の中央に向けてみます…喉、胸、胃、お腹…」

身体に話しかける	「私はここにいます。何を話したいですか？」
フェルトセンスを探し、感じる	「身体の内側では、どんなことを感じていますか？」
気づきと挨拶	「こんにちは…そこにずっといましたね？」
フェルトセンスを言葉やイメージで表現する	「なんて呼んだらいいか言葉を探しています…それは…胸が締めつけられる感じでしょうか…それとも…」
身体に確認する	「その感じは、胸のなかの氷という表現が近いでしょうか？」
フェルトセンスの近くで対話を続ける	「聴いています…あなたは、心が冷たい感じがすると言っているのですね」

呼吸法を加える

　ゲシュタルトもフォーカシングも、言葉を通した対話という形をとる。しかし言葉で表現することが苦手な人もいる。その場合、身体の痛みや声をイメージのまま、呼吸を使って、外へと解放することができる。

　呼吸法には、さまざまな方法があるが、試してみて、自分や相手に合った方法を取り入れるとよい。例を挙げておく。

○ 呼吸の基本を、吐く⇒吸う　という順番とし、吐くことに意識を集中する。できるだけ吐くことができれば、その分の量を自然と吸うことができる

○ 目をぼんやりと開け、意識と無意識の中間点に自分を置くようにする

○ 深く吐いて、深く吸うことを繰り返す（浅い、肺呼吸にならないように）

○ 身体の痛む部分（葛藤感情／フェルトセンス）を見出したなら、その部分の色を自由にイメージする（例　灰色や紫等）

○ 吸うときの新鮮な空気の色もイメージする。それは葛藤部分を癒すための空気である

○ 10分間、深い呼吸を行うことで、感情を解放し、身体と心を自然な状態に統合していく

8

「未解決の葛藤」を解き放つ

ずっと思考レベルでの解決を目指してきたし、うまくいった。それで大丈夫な人もたくさん見てきた。しかし未解決の葛藤は、それだけではうまくいかないと知った。

　すべての人に、何か解決するべき課題があるとは思わないが、もし身体が教えてくれたなら、試してみるといい。自分でできる方法を教えるだけでもいい。

　長い間、心の底に「見捨てられた気持ち」を隠していたことに気づいた。その気持ちを解放したとき、初めて身体と心がつながったと感じた。

振り返ってみよう──「未解決の葛藤を解き放つ」

　ここでとりあげたエッセンスは、あなたに、どのような力を与えてくれただろう？　気づいたことを書き記してほしい。

　ジレンマや葛藤を抱え、パワーレスになるとき、あなたは、これらのエッセンスを、どのように応用できるだろう？

エッセンスがあなたに与えた力	どのように応用できるか

喪失と悲嘆に寄り添う
―グリーフケア・危機介入―

中川原 ＜保健師／NPO法人メンバー＞

震災で家族を失った私は、悲嘆という名の、長いトンネルを歩き通した。ここでの人の苦しみは、1人ひとり違う。ある人はずっと同じ場所を、何度も行き来する。またある人は、立ち上がることさえできない。私はここで、「悲しみに寄り添うとは、どういうことなのか？」ずっと考えてきた。

村井 ＜医療ソーシャルワーカー＞

病気は冷酷な現実を突きつける。何人の患者、家族が、奇跡を願いながらも、叶うことなく打ちのめされただろう。医療関係者は、あまりにもその現実に慣れ過ぎている。だから身体だけを診て、心を置き去りにする。どんな薬物も悲嘆には効かない。私は彼らの悲しみを癒せる人でありたい。

STEP 1 エッセンスを見出す

人生における喪失と悲嘆

喪失（Loss）とは「大切な人、もの、機会などを失うこと」。悲嘆（Greif）は、その後に訪れる「悲しみの波」を指す。

大切な人やものを失うとき、すべての理想は砕け、現実が道を塞ぐ。やがて悲嘆の波が人々を覆い、暗いトンネルへと流し込んでしまう。灯りを閉ざされた道がどこに続いているのかは、歩いた人でないとわからない。現実という高い壁の前で、人は希望を砕かれ無力になる。

喪失と悲嘆は、病気、事故、災害だけによらないし、死別に限定されない。生きて別れるほうが苦しいこともある。身体、心、仕事、家族、友人、夢、生きがい…どんなものであれ、失う悲しみは計り知れない。

誰もが、人生における喪失を避けることはできない。しかし「悲嘆というトンネル」をよく知るならば、そこを歩き続ける人々に、寄り添う力が得られる。

共通のプロセスにおける個別の経験

　喪失と悲嘆は、極めて主観的な経験だ。その衝撃の度合や深さについて、他者は何の評価もできないし、比較自体が無意味だ。「自分にとってどれほど大切だったのか？」というただ1つの基準だけが悲嘆の行方を決める。

　悲嘆は、長いトンネルに覆われた「共通のプロセス」を進む。中川原が言うように、そこでの経験は「1人ひとり」違う。したがって、悲しむ人に寄り添いたいと願うならば、**共通のプロセスにおける個別の経験**を知ることが助けになる。

悲嘆というトンネルでの「共通のプロセス」──出口と再生への確信

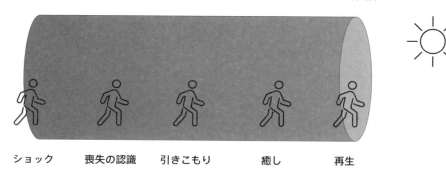

| ショック | 喪失の認識 | 引きこもり | 癒し | 再生 |

　サンダーズ（Sanders, C.M.）は、死別に関する悲嘆のプロセス──「5つの段階」を示した。これは死別に限らず、ほかの喪失や悲嘆にも当てはまる。

　人は大切な人やものを失うとき、ショック状態となる。その後「これは現実の喪失なのだ！」と認識するにつれ、感情は激しく混乱し、葛藤に直面する。その時期が過ぎると、エネルギーを消耗し、絶望を感じながら深い闇へと引きこもっていく。そこから、少しずつ時間をかけて癒しを経験し、やがては再生へと向かう。

　すべての人が、同じ経験をするわけではない。すぐに出口へ向かう人もいれば、何度か引き返す人もいる。長い年月、引きこもりから抜け出せない人もいる。しかし、どんなに時間がかかっても、やがて人は立ち上がり、このトンネルを出る日がくる。あなたにも、クライエントにも、元気になれる日は必ずやってくる。

　悲しみに寄り添うあなたに、最初に必要なことは、「トンネルに出口がある」こと、そして、「人は必ず再生に向かう」という確信である。

トンネルの中で、たくさんの人々に会った。私たちは悲しんではいたが、互いを優しく労わることができた。それは同じような痛みをもっていたからだ。

「悲嘆のプロセス」を知ることは、希望につながる。なぜなら、トンネルの中にいる人にとっては、出口があるなど、思ってもみないことなのだ。私のために寄り添ってくれた人々は、出口を知っていた。だから、「どんなに時間がかかっても、必ず元気になれる日がくるよ!」と励ましてくれた。

トンネルでの個別の経験

　あなた自身が、トンネルの中を歩いていると想像してみよう。何が見えるだろう?　前を大勢の人が歩き、後にも長い列が続く。途中、倒れる人、休む人、戻る人、誰かを背負う人、1人で黙々と歩く人、仲間と一緒に歩く人…暗がりのなか、さまざまな光景が目に映る。そのとき、あなたは最も大切なことに気づく。

　ここでの経験は、唯一無二。1つとして同じ経験などない!　あなたが抱えている悲しみこそ、あなたにとって最も深いもの…だから誰かと比べなくてもいい。悲嘆の経験は、あなただけに深い意味をもつものなのだ。

多様な悲しみ方を受け入れる

　悲しみに寄り添うあなたに、次に必要なことは、人々の示す多様な悲しみ方を受け入れ、尊重することだ。たとえそれが、あなたの方法とは違っていても…。寄り添うとは、彼らの悲しみ方で一緒に悲しむことだと理解しよう。

　個別性、多様性を考えるとき、一般化された知識が妨げとなる。中途障がいを負ったある男性は、多くの支援者から、判で押したように「ピアサポート」を勧められた。彼は「障がい者＝同じ境遇の仲間同士の助け合い」という枠に、自分が当てはめられることに恐怖を覚え「もっと私自身の声を聴いてほしい!」と切に願った。一般化された枠組みに、すべての人々を押し込むことだけが唯一の答えではない。

　　　中川原さんは、同じような痛みをもっている人から助けを受けたが、私の場合、それを受け入れることはつらかった。

　　家族が病気、障がいを負ったとき、多くの支援者から、同じ経験をもつ家族らと話すように勧められた。でも現実を受け入れる力すらないうちに、境遇ごとに分類されてしまうことが怖かった。もっと時間が欲しかったし、誰と話し、誰に助けてほしいのか、自分たちで決めたかった。

危機介入のエッセンスで「喪失と悲嘆」を和らげる

　アギュララ（Aguilera, D.C.）は、経験（喪失）がその人にとって、危機的状況（悲嘆）になるかどうかは、次の３つの要因にかかっていることを示した。

現実的な知覚

　喪失直後のショック状態は、傷ついた感情を和らげるクッションのはたらきをする。しかし、次第に喪失への認識が深まるにつれて、動かしがたい過酷な「現実」を知覚する。

　この現実を受け入れる力の強さが、悲しみを乗り越える源となる。ただ人は、現実を知覚するたびに激しい痛みを経験するものだ。だからこそ、誰かがそばにいて、この過程を助ける必要がある。

対処能力

　過去の対処能力を探ると、彼らがどうやって悲しみに対処してきたのかがわかる。「話すこと」「身体を動かすこと」「食べること」「眠ること」「映画を見ること」「遊ぶこと」「騒ぐこと」…人には、かつて成功した対処能力のレパートリーがある。それを探し出すなら、「悲しみを外へ出す」ための方法が見つかる。

社会的サポート

　家族や友人は、強力な社会的サポートだが、関係が近すぎるため、怒り等の否定感情を吐き出すことに、抵抗を覚えることがある。また、親しい人ほど「ある期間が過ぎれば普通に戻る」と考えがちだが、悲嘆の道は想像以上に長い。そのため、長い期間、悲嘆に伴う否定感情を自由にぶつけ、受け止めてもらえる、ほかの存在を見出す必要がある。

STEP 2　エッセンスを感じる

実際のトンネルを歩いてみる

　幼い頃、歩いてトンネルを抜け、隣町まで海水浴に出かけた。それは不思議な体験だった。暗いトンネルの向こうに見える灯りを頼りに歩いた記憶がある。もし近くに歩けるトンネルがあれば、実際に試してみよう。それが悲嘆のトンネルだと考え、入るとき、その中、外へ出たとき、それぞれの瞬間、感じた気持ちを記憶しておこう。

入るとき	中	外へ出たとき

色を見極める──個別性への理解

　「色見本・画像」で検索すると、さまざまな色のバリエーションを眺めることができる。この体験を通して、個別性について考えてみよう。

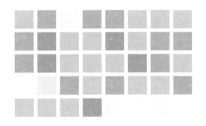

　この色１つひとつが、トンネルで出会う人々が抱える喪失や悲嘆だとすれば、あなたは、彼らをどのように理解したいだろうか？　感じたことを話し合ってみよう。

 中川原さんは、一瞬のうちに、大切な家族も家も持ち物もすべてを失った。…今、振り返ってみて、悲嘆というトンネルは、どのような経験だったのでしょう？

あまりにも突然、大切な人やものを失った。その衝撃が今も身体に刻まれている…今、振り返るなら、トンネルは、私にとっての隠れ場所だったのかもしれない。

 それは、ショックや感情の混乱から隠れる場所ということですか？

最初は、体中のエネルギーを使って「こんなことなど起こるはずがない！」と現実に抵抗した。けれど現実は過酷だった。そこから逃げる場所が必要だった。

 どんなに涙を枯らしても絶対に覆せない…そうした現実に打ちのめされてしまったのですね。隠れている間、どのような気持ちでいたのでしょう？

喪失と悲嘆に寄り添う

変えられない現実に気づいたとき、動けなくなった。人々に抱えてもらい生活し…終わりは全く見えなかった。唯一の慰めは、この痛みをわかってくれる人が、すぐそばにいてくれたことだった。

悲嘆のトンネルを歩き通した今、どのような思いがあるのでしょう？

今もトンネルの中には、私と同じように苦しむ人々がいる。彼らを見捨てることは決してできない。

悲嘆のプロセスごとの個別の経験を言語化する

経験の大きさにかかわらず、あなたが悲嘆のトンネルを歩いたときの、自分の状態を言語化してみよう。また他者の経験も聞いてみよう。そこから個別性を見出すことだろう。キーワードをいくつか挙げたので、これらをつなげ、文章化することもできる。

ショック	信じ難い　混乱　叫び　泣く　震える　眠れない　食欲不振　無力感 沈黙　夢のよう　現実　逃避　否認
喪失への認識	感情　混乱　アップダウン　激しい不安　恐怖　葛藤　自失　無力 受け入れ難い　苦しみ　喪失　忘れる　受容　フラストレーション 苛立ち　泣く　泣けない　怒り　罪悪感　後悔　自責　恥　孤独　罰 不眠　緊張　鎮痛剤　睡眠薬　死のイメージ　現実　否認　悪夢　幻覚 恐怖　神経　過敏　慰め　故人　存在力
引きこもり	絶望　消耗　感情　乱れ　休息　気力　衰え　何もできない　眠さ 長時間睡眠　冬眠　無力　疲労　無関心　うつ　脱力感　コントロール不能 パワーレス　絶対的　変わらない　現実　喪失　受容　悲しみ　対峙 癒す　転換　微かな光
癒し	転換　力　取り戻す　コントロール可能　自分　役割　変化　発見　見出す　変化 新しい　アイデンティティ　軸　身体　回復　安眠　回復 エネルギー　自身　他者　許す　忘れる　失っていないこと　意味
再生	外　世界　傷跡　前とは違う　新たな人生　生きる　生まれ変わる 新しい　始まり　自分　発見　自立心　解放　生き延びる　自分でする 違う世界　回復

村井さんも大切な人を失くされ、悲嘆の道は険しかったと思う。どのようにして歩き続けたのでしょう？

最初は、新しい治療に希望をつないだが、現実は厳しかった。日々、病気は真綿で首を絞めるように私たちを打ちのめした。

現実というのは、本当に過酷ですね。変わらないということが、いかに人を打ちのめすのか、わかります。

そのような気持ちをわかってもらえてありがたいです。
当時、医師は、病気だけをみていた。淡々と余命を宣告し、そこに共感も思いやりもなく、ただ冷たい画像と数値だけがあった。もちろん、それが彼らの仕事なのだが…。

病気への正確な理解を促すことが大切なのはわかる。しかし私たちは、生身の人間。そして、現実に打ちのめされているときこそ、人間には希望が必要なんだと思う。

本当にそう思う。しかし悲しいことに医師の告げたスケジュールどおりになった。そこには一片の奇跡も祈りも願いも、挟み込む余地はなかった。あの瞬間、私自身をも葬ったのだと思った。

絶望する気持ちが伝わってきます。そのとき、何を考え、感じたのでしょう？

この先、生きていく理由を見つけられなかった。「何もかも終わった」という絶望感を、小さな箱に閉じ込めて鍵をかけた。そうでないと働き続けることなどできなかった。

喪失と悲嘆が支援者にもたらすもの

　中川原も村井も、大切な人を失い、悲嘆のトンネルを歩き通した。彼らはそこで何を得たのだろう？　そしてあなたはどうだろう？

9

喪失と悲嘆に寄り添う

喪失と悲嘆は、人々の理想の服をはぎ取り、動かない現実の前に、裸のまま立たせる。それは確かに過酷な試練だが、通り抜ける者の人格を聖め、他者に対してより深い眼差しをもてるようにする。

　悲嘆のトンネルを、ともに歩きたいと願うソーシャルワーカーは、失ったものが、たとえどんなに小さく見えたとしても、悲しみをもつ人々に特別な関心を払い、寄り添いたいと願っている。また残された者、打ちひしがれている者に対しても、深い思いやりをもっている。彼らはクライエントの抱える問題を、「喪失と悲嘆」という特別なフレームを通してみることができる。

　もし今、あなたが何らかの喪失を経験し、悲嘆の道を歩いているとすれば、出口は必ずある。そしてこの経験はあなたに「悲しみに寄り添う力」を与えることを覚えておこう。

STEP 3　エッセンスをスキル化する

5つのプロセスを意識した「寄り添い」

　喪失と悲嘆の5つのプロセスを通る人のエネルギーを大まかに示すと、次のような線になる。まず喪失のショックに対応するため、人はエネルギーを最大限に消費し抵抗する（初期）。しかし変わらない現実に打ちのめされ、次第に消耗し、引きこもりに入る（中期）。その後、転換期を迎え、少しずつ回復し、再生にいたる（後期）。この間、一貫して寄り添い続けることになる。

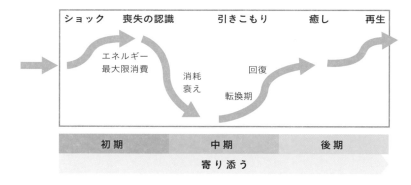

　初期、中期、後期、寄り添い続けるために、配慮するべきことをまとめてみた。

初期

　この時期、喪失に伴うショックを和らげるために、安心感をもたらす。自分を責めないように、感情を抑えないように、そして積極的に、周囲に助けや慰めを求められるようサポートする。

　危機に介入する場合、①感情をオープンにできるようにし、②現実的な知覚をもてるよう励まし、③対処能力を探り、できることを行う。そして、④家族、友人等の社会的サポートを活用する。

　失ったものを、取り戻そうとする試みが成功しないため、さらに感情は混乱し、葛藤してしまう。そうした感情、苦しみ、罪、恥の意識など、否定的なエネルギーを受け止めることで、本人にそのエネルギーが向かないようにする。自分を優しく労り、できるだけシンプルな生活をするように伝える。

中期

　エネルギーを消耗し、絶望感から引きこもることが多い。無力、無関心となり、疲れ、うつ状態に陥ることもある。このような状態は、どのくらい続くかはわからない。「傷を癒し、次へのエネルギーを蓄えている期間」だと伝え、自然に任せるように勧める。日記を書くなど、感情を引き続き外へ出すように促し、寄り添い、見守る。

　長い時間を経て、微かな回復の兆しが見えることがある。それがこのまま今の状態にとどまるか、それとも次の扉を開けるか、選択する時期だと伝える。無理強いせず、小さな何かを始めてみるよう励ます。

後期

　新しい扉を開けたいと感じたなら、その道を進むことができる。それを自分で決めるよう話す。もちろん一緒に歩いていくことも伝える。その道の未来には、自分や他者を赦すこと、忘れること、自分にとって、本当に必要なことは何かを考えること、自分をもっと愛すること、新しい機会や関係、仲間を求めること等、いくつかの大切な選択がある。

　傷は完全には癒えておらず、時に痛むかもしれないが、エネルギーが戻っているので、出口は近いと伝える。これまで経験してきたことの意味について、問いかけてもよいかもしれない。

　さらに新しい力を感じるようなら、再生に向けて準備を促す。外に目を向け、人とかかわり、新しい経験を探すように伝える。自分の経験や才能を誰かのために活用できるよう行動するなら、時折訪れる孤独は解消する。最後に、可能ならば、次の喪失の予防のため、大切な人と自分自身を同一視せず、互いが自立した存在であることを話し合おう。

　長い間、私は「寄り添う」というのは、非科学的で、実態がなく、無責任な表現だと思っていた。でも、あの津波で人生のどん底を知り、混乱と絶望に苦しんだ。それを乗り越えられたのは、文字どおり「寄り添ってくれた人」がいたからだ。そこには、何よりも人間のもつ温かさと癒しの力があった。

　私は、人の力と可能性を心から信頼するようになった。人は弱く、はかなく、自然の力には太刀打ちできないが、それでも、人は回復を信じ、待ち、寄り添い続けることができるのだ。

9

喪失と悲嘆に寄り添う

儀式（Ritual）を手づくりする

　葬儀等の儀式を行うのは、残された人々のためだ。言えなかった感謝や別れの言葉を告げることで、慰めが得られる。また儀式には、目の前の現実を受け入れ、次の過程に移行し、再び新しい生活を送るための機会と区切りの意味がある。

　しかし、たった一度か二度の儀式で立ち直る人などいない。そこで悲しみを断ち切り、次の過程へ移行するため、儀式を手づくりすることも大切なスキルとなる。例を挙げる。

　突然、亡くなった友人と残された家族のため、Facebook に「メモリアル」サイトを設け、多くの友人たちが書き込みをした。あふれる思い出をわかち合いながら、私たちは慰めを受けた。

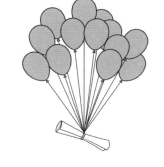

　また、子どもを失った親たちのサポートグループでは、セッションのなかで、手紙を書いた。それを風船にくくりつけて、みんなで丘の上から空へ放した。色とりどりの風船が天へと昇っていく様子を見ながら、親たちは泣きながら手を振った。それは彼らが悲しみを断ち切るための儀式でもあったのだ。

　人の生死にかかわらず、大切なものを失った感情に苦しむなら、受け止めたり、断ち切ったりするために、必要な儀式を手づくりすることができる。

　　あなた自身が経験した喪失や悲嘆を振り返ってほしい。そして、自分がそのとき何を必要としたのか？　何が力になったのか？　どうやって乗り越えたのか？　深く考えてほしい。
　これまで以上に喪失と悲嘆に敏感になるなら、そこに理想と現実に折り合いをつけるための知恵、そして、葛藤に苦しむソーシャルワーカーへの答えが隠されていることに気づくだろう。

振り返ってみよう──「喪失と悲嘆に寄り添う」

　ここでとりあげたエッセンスは、あなたに、どのような力を与えてくれただろう？　気づいたことを書き記してほしい。

　ジレンマや葛藤を抱え、パワーレスになるとき、あなたは、これらのエッセンスを、どのように応用できるだろう？

エッセンスがあなたに与えた力	どのように応用できるか

価値基盤を求める
—人間の尊厳と社会正義／ロゴセラピー（実存主義）／社会構成主義—

水口　＜地域包括支援センター／ソーシャルワーカー＞

　クリスチャンの私にとって、生きる意味、目的、人の価値や尊厳を信じることは、自然なことだ。しかし、特定の宗教や思想をもたないソーシャルワーカーは、どのような価値基盤に立っているのだろう？

　アメリカで一緒に学んだソーシャルワーカーたちは、自らの支援の価値基盤を、深く意識していたように思う。私たちの意識は、薄れてはいないだろうか？

北原　＜NPO法人代表＞

　新自由主義が蔓延するこの国で、ソーシャルワークは危機を迎えている。「自己決定」「エンパワメント」「地域共生」等、きれいなスローガンの裏で、格差と搾取は広がり、貧困が蔓延している。

　いつの間にか、クライエントは消費者になり、ソーシャルワーカーは、価値や倫理という基盤を奪われ、制度をただ行使するだけの者になっていないだろうか？　ソーシャルワーカーの直面する危機とは、価値基盤の喪失なのだと気づいてほしい。

STEP 1　エッセンスを見出す

自分自身の拠って立つ価値基盤を求める

　「自分のしている仕事に、どんな意味があるのか？」と考えたことはないだろうか？　理不尽な経験やジレンマ、葛藤に遭遇するとき、私たちは、自らの仕事の意味や価値を問う。それは極めて自然なことだ。ところがその問いについて、深く考える機会は少ない。

　意味や価値など求めなくても、サービスは成り立つ。しかし、長い目で見れば、意味や価値の喪失は、ソーシャルワークを自動販売機のように単純化し、不全感とパワーレスを生み出す。

　ソーシャルワークに携わる人々は、今一度立ち止まり、自身の仕事の意味や価値を問い直し

てほしい。そのような機会は、自分自身の拠って立つ価値基盤を求めることにつながる。そして、その価値を自らの実践に結びつけるとき、あなたは自分の仕事にさらに深い意味を見出す。

「人間の尊厳」と「社会正義」という価値基盤

　ソーシャルワークが拠って立つ価値基盤で、最も重要なものは、「人間の尊厳」と「社会正義」であると考えている。これらは倫理綱領で次のように宣言されている。

人間の尊厳

　ソーシャルワーカーは、すべての人々を、出自、人種、民族、国籍、性別、性自認、性的指向、年齢、身体的精神的状況、宗教的文化的背景、社会的地位、経済状況などの違いにかかわらず、かけがえのない存在として尊重する。

社会正義

　ソーシャルワーカーは、差別、貧困、抑圧、排除、無関心、暴力、環境破壊などの無い、自由、平等、共生に基づく社会正義の実現をめざす。

　これら2つの価値は対になっている。あらゆる違いにかかわらず、すべての人が、かけがえのない存在であるならば、その1人ひとりの暮らす社会は、差別、偏見のない正義な社会であるべきだ。

　しかし、現実の社会は不正義に満ちており、そのため、人間の尊厳は脅かされてきた。だからこそソーシャルワーカーは、改めて「人間の尊厳」と「社会正義」という価値基盤に立ち、虐げられた人々を、不正義から守り、彼らの尊厳を回復させる必要がある。

　これは素晴らしい理念、かつ高い理想である。しかしそのことが、かえってソーシャルワーカーたちを理想と現実の狭間へと落とし込み、ジレンマや葛藤を与える理由になってきたことも事実だ。どうすればよいのだろう？

理想という壮大な網のなかでの、小さな現実との戦い

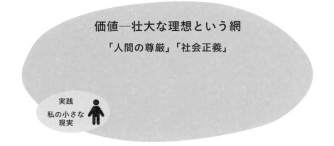

価値―壮大な理想という網
「人間の尊厳」「社会正義」

実践
私の小さな
現実

　「人間の尊厳」「社会正義」という価値は、スケールが大きく、自分の実践とは、かけ離れす

ぎていると感じるかもしれない。しかし、もともと価値は壮大な理想であり、実践は小さな現実との戦いだ。あなたの日々の実践が、理想という網のなかに入っている限り、あなたはその価値に立ち続けていることを覚えておこう。

あなたは今、子どもを虐待する親たち、アルコール依存で家族を崩壊させる人々、生活保護でギャンブルに通う人々など、さまざまなクライエントと向き合っている。彼らを「かけがえのない存在」と見なすことは、とても難しい場合があるだろう。それでもあなたは、彼らを受け入れ、よい人生を選ぶ機会を探し、彼らの利益を守るためにはたらきかけている。時に苦々しい思いを感じながらも、最善を尽くすあなたは、今日も「人間の尊厳」や「社会正義」という価値基盤に立ち続けている。

 「人はかけがえのない存在」という言葉を聞くとき、「誰にとって？」ということが頭に浮かぶ。クリスチャンには「神は私たちの父、私たちはその子ども」という概念がある。だから、人がどんな状態であっても、神にとっては「かけがえのない存在」なのだと考える。
　ソーシャルワークの始まりには、こうした思想が含まれていた。もしソーシャルワークが、今後さらに科学的な学問になっていくなら「かけがえのない存在」とは、一体、誰にとってなのだろう？

ロゴセラピー（実存主義的アプローチ）
　「人間の尊厳」という価値の根拠を思想や哲学に求めることもできる。ロゴセラピーは、1930年代、ウィーンの精神医学者、フランクル（Frankl, V.）によってつくられた心理療法。生きる意味を問う、実存主義的な思想が貫かれている。

　フランクルはナチスの強制収容所に送られ、過酷な体験を強いられ、そこで自らの思想の仮説が正しいとの確信を深めた。彼は、「人は一度だけの人生を生きる、かけがえのない存在であり、人生には、実現するべき価値や意味がある」こと、「人は本質的に、意味や価値に方向づけられた存在であり、自らに課された人生を生きる必要がある」と考えた。

　また「人間が人生に意味を問う必要はない。人生そのものが、人間に存在の意味を問いかけている。だから人間はそれに責任をもって応えなくてはならない」と教えた。

　これらは、ロゴセラピーの根底にある「実存主義」的思想である。

3つの中心概念とソーシャルワークの価値

次に紹介するロゴセラピーの3つの中心概念は、ソーシャルワークの価値に受け継がれている。

① Freedom of Will（意思の自由）

人は自分の意思で行動し、未来を決める。遺伝、環境、運命に反応するだけの者ではなく、意思をもつ存在として、自分で選び、積極的に人生を築ける。⇒ **自己決定という価値**

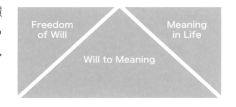

② Will to Meaning（意味への意思）

人は生きる意味を見出そうとする。これは本来、人がもっている欲求。人は、人生において、意味ある何かを実現したいと強く願っている。⇒ **自己実現という価値**

③ Meaning in Life（人生の意味）

生きている以上、病気、老い、障がい等、理不尽な経験をする。しかし、どんなに過酷な経験に満ちた人生であっても生きる意味がある。⇒ **人間の尊厳という価値**

生きる意味を見出す3つの価値

①創造価値

何かを創り出すことで、世の中に何かを与える。そこに価値と意味を見出す。

②体験価値

美しいもの、真実なものを体験することで、実現する価値。自然、愛、奉仕、人とのつながり等。

③態度価値

過酷な運命に遭遇し、創造価値や体験価値を実現できなくても、変えられないことに対して、どのような態度をとるのか？　それによって実現する価値がある。

クリスチャン精神は、今もソーシャルワークの価値の本質だ。しかし、その後の時代のなかで、ソーシャルワークの求める意味や価値は変化し、さまざまな思想や哲学にも支えられてきた。

例えば、実存主義のロゴセラピーは、ソーシャルワークの価値そのものではないか？　クライエントの意思決定を尊重し、彼らと一緒に、生きる意味を探している。

病気や高齢、障がいのため、創造や体験ができなくても、それでも笑顔を向けてくれるクライエントこそが、最も素晴らしい態度価値を実現しているのではないか？

こうした思想を、未来のソーシャルワーカーに残したい。

社会構成主義と多様性

　もしあなたが「多様性を尊び、マイノリティの人々の代弁者となる」という価値基盤に立つなら、フランスの哲学者フーコー（Foucault, M.）の思想や社会構成主義の考えが役立つ。

　フーコーの思想が、社会構成主義に与えた影響は大きい。彼は、「唯一、絶対の真理が存在すれば、それ以外は間違いとして正されること。つまり、真理は絶対的な権力」ととらえ、そのことを否定した。
　彼の思想から考えるなら、問題を抱えるクライエントは、真理から遠い場所で苦悩する存在で、ソーシャルワーカーは、真理に近い場所で権力をもつ、正しい存在ということになる。

　社会構成主義では、こうした「唯一、絶対の真理」に基づく、権力的な援助関係を否定し、その陰で抑圧されている人々の存在に目を向けてきた。そして、唯一の正解を押しつけるのではなく、1人ひとりが意味づけた、相対的で多様な声にもっと耳を傾けようとした。

　社会構成主義にとっての真理、正解、現実は、最初から決まっているものではない。社会のなかで、言葉を介して人々が意味づけし、つくり上げていったものに過ぎない。

　このような思想や主義を拠り所とするならば、マイノリティの多様性を尊び、メインストリームと比較することなく、彼らの尊厳を尊ぶことができるだろう。

STEP 2　エッセンスを感じる

「人間の尊厳」「社会正義」を意識できるか？

　「人間の尊厳」と「社会正義」、この2つの価値を、もっと意識する必要がある。まず自分自身に、次にクライエントにあてはめて意識してみよう。そして同僚、チーム、組織、コミュニティ、さらに私たちの生きる現代社会について考え、この価値を「意識できるか？」「意識できないか？」、何が妨げになっているかを考えてみよう。

	人間の尊厳	社会正義	妨げになっていること
自分自身	例：自分の尊厳を意識できる。	社会に不正義があると認識し、何かをしたいと考えている。	職場やチームの同調圧力、利害関係などが、社会正義と相いれないことがある。
クライエント			
同僚／チーム			

コミュニティ			
現代社会			

生きる意味を見出す3つの方向を考える

ロゴセラピーが勧める「生きる意味を見出す3つの価値」について考えてみよう。

創造価値	体験価値	態度価値
あなたには、何かを創造し、他者や社会に与える機会があるだろうか？　それを通して、どんな生きる意味を見出せるだろうか？	あなたには、何か美しいもの、真実なこと、人とのつながりを体験することで、実現できる価値があるだろうか？	あなたには、変えられない現実に対して、どのような態度をとれるだろうか？　それによって実現できる価値があるだろうか？

　　　　　介護をしていた頃、夜勤でオムツ交換をした。高齢者たちは、少しでも私が楽になるようにと、動かないお尻を、懸命にあげようとしてくれた。そして終わった後、いつも「ありがとう」と言ってくれた。こうした彼らの優しい姿こそが、フランクルのいう「態度価値」ではないか？

　動けなくなっていく高齢者は、いつも「私には生きる価値があるのか？」と問いかけてくる。そして私は、自信をもって「もちろん」と答える。

「ディスコース」という枠組み

　社会構成主義における「ディスコース」とは、周囲の世界や現実を説明するときに用いる、都合のよい枠組みだ。

　「落ちこぼれ」「不登校」「引きこもり」「ひとり親家庭」等、社会に存在する否定的なディスコースには限りがない。私たちは、このような言葉の枠組みによって、現実を説明しようとする。しかし、自分がその枠組みに入った場合、社会が決めた「意味づけ」に屈服し、私たちの人生は否定される。

「ディスコース」を検証する──外在化、客体化、内在化

　社会に存在するディスコースを探してみよう。そして現実とされていることが、実は、最初から決まっているものではなく、社会のなかで、言葉を介して、人々が意味づけ（外在化、客体化、内在化）、つくり上げていったものであることを検証しよう。例を挙げる。

10

価値基盤を求める

外在化		客体化		内在化
はじめに人々の心のなかの考えが、言葉を介して社会に発信される。	⇒	次にその考えは、社会のなかで語られ、意味づけされ、次第に受け入れられた現実となる。	⇒	このつくられた現実は、次第に動かしがたいものとして、人々の内面に浸透する。
例：「落ちこぼれ」 これは、不登校が増加した時代、マスコミが発信した否定的な言葉だった。		「落ちこぼれ」は、社会で語られ、さらに否定的な意味づけが加えられた。「標準から外れた人」「能力の低い人」「出世コースから外れた人」 これらは、あたかも最初から存在する現実として受け入れられるようになった。		「学校に行けない」「引きこもる」等、メインストリームから外れてしまった場合、「これは落ちこぼれだ」と当事者も、社会の人々も、自分の内面に、動かしがたい現実として取り込んでしまった。

　その他の例も考えてみよう。もしそのなかに自分が入ったなら、どのような現実を経験するのか想像してほしい。

　ディスコースは社会的なレッテルである。これらを剥がし、ありのままのその人を知ろうとしなければ、「人間の尊厳」は見えてはこない。

　今、ソーシャルメディアでは、誹謗中傷が止まない。匿名によって、正義の剣を振り下ろし、弱さのある人々を抹殺する。このような光景を見続ける人々は、気づかないうちに、社会が発信する否定的なディスコースに押し込められ、いつしか、それが彼らの価値基盤となってしまう。

「人間の尊厳」「社会正義」という価値基盤に立つ

　争いと対立の時代がきている。ソーシャルワーカーは、今後、どうしたら自らの価値基盤を取り戻し、そこにしっかりと立つことができるのだろう？　あなたにできることは何だろうか？　この問いかけを深く考えてみてほしい。

STEP 3　エッセンスをスキル化する

生きる意味の再発見──ロゴセラピー

　実存主義思想を根底とするロゴセラピーでは、「生きる意味」に焦点を当てて対話する。あくまでフランクルの思想を紹介しつつ、問いかける方法がよい。このような対話は、見失いつつある「人間の尊厳」という価値の回復につながる。

大好きだった若手俳優が自殺したときショックだった。彼にはすばらしい才能があり、仕事にも恵まれていた。うつでもなかったと聞いている。どうしてなんだろう？

彼のことは私もショックだった。生きることへの意味や希望を見出せなくなったのかもしれない。私たちは、彼を幸せだと思ったけど、彼はそう感じていなかった…。幸せは、少なくとも、恵まれた境遇や能力、持ち物には拠らないのかもしれない。

もしそうだとすれば、幸せは何であって、どうすれば手に入るのだろう？私なんて、なりたくても俳優にはなれないし、貯金もないし、結婚もしていない…幸せになれるのかな？　生きていく意味は何だろうって不安になる。

ロゴセラピーのフランクルは、「人生に意味を問う必要はない。人生そのものが、人間に生きる意味を問いかけている。だから人間は、それに責任をもって応えなくてはならない」と語っている。これはどういう意味に聞こえる？

私の人生が、私に何かを求めているとしたら、私のほうが、それに応える責任があるということ？　とても大きな話だ。何ももっていない私に、どんな責任があるというのか？

創造価値、体験価値、態度価値の話を覚えている？
仕事、あるいはほかの活動でもいい。何かを創り出すことで意味を見出す。あるいは自然や人とのつながり等、新しい体験にも意味がある。

あなたは有意義な仕事をしているから、そう言えるけど、私は明日にでも倒れそうな、小さな会社の平社員。こんな仕事じゃ、何も創造できない。それに忙しすぎて、遊びにも行けない。

10

価値基盤を求める

仕事の種類や範囲は関係なく、できる範囲で、どれだけ最善を尽くすかが大事…制限があることは大変だけど、そのなかでも、どういう態度をとるかは、あなたが決められる。
苦しくても、今もあきらめず努力しているあなたの姿を見ることで、励まされる人もいる。

私は言い訳ばかりで、逃げていて…きっと何もせずに幸せになりたいと思っているのか…与えられた人生の問いを聞こうともしていない。
確かに同僚たちは、楽しそうに取引先のために頑張っている…彼らがうらやましい。

もちろん仕事だけが、人生を意味あるものにする、唯一の場ではない。人を愛したり、誰かのために尽くしたり、美しい自然を探したり、困っている人を助けたり…どんなことでも、人生が問いかけていると気づいたら、あなたには応える責任がある。

こんな私でも、人生が何かを問いかけている？ それじゃあ、その人生の問いに応えようとしたら、私は何か意味を見出せるんだろうか？ もう遅いんじゃないか？

フランクルは、「何が私たちを待ち受けているかは、誰にもわからない」と話している。あなたの人生は1回きりで、あなたのもの。あなたしか応えることができない。そして方法は必ずある。
たとえ制限だらけの人生になったとしても、そこでどんな態度を示せるかは、あなたが決められる。
生きる以上、悩みはある。その悩みこそが、人生を意味あるものにしている。

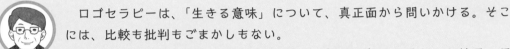

ロゴセラピーは、「生きる意味」について、真正面から問いかける。そこには、比較も批判もごまかしもない。

幸せとは、人生の問いに応えるために、自分の責任を果たした結果、得られるものだ。だから自分の人生に向き合い、人生からの問いを見つけ、創造、体験、態度の価値を追求するよう励ますべきだ。

こうして生きる意味を見出せるなら、人は「自分には、かけがえのない価値がある」と感じることだろう。

振り返ってみよう──「価値基盤を求める」

ここでとりあげたエッセンスは、あなたに、どのような力を与えてくれただろう？ 気づいたことを書き記してほしい。

ジレンマや葛藤を抱え、パワーレスになるとき、あなたは、これらのエッセンスを、どのように応用できるだろう？

エッセンスがあなたに与えた力	どのように応用できるか

10

価値基盤を求める

　学業を終えた私たちを、アルバニー空港まで送ってくれたのもまたハンズだった。あの日から、時が矢のように過ぎ去った。しかし、私の心の中には、「いつかポールサンダー家に再び戻り、私たちが今、こんなに幸せであること、そしてそれは、彼らのおかげであることを伝えたい」という思いがあった。そしてその願いは、2007年秋、ようやく叶った。

　旅の準備をするうちに、前の年、妻のネヴィーが亡くなっていたことを知った。この現実に私たちは打ちのめされ、悲しみに暮れた。しかしその気持ちは、「ハンズにだけは、今、会っておかなければ」という決意に変わった。

　11月3日の夕方、懐かしいアルバニー空港に着いたとき、そこにハンズの姿があった。変わらない笑顔と懐かしいドイツなまりの英語を聞いたとき、心が喜びでいっぱいになった。晩秋の色鮮やかな木々のなか、私たちの車は時間を遡り、思い出の道を走り抜けた。

　家に着いたハンズは、私たちのために夕食をつくってくれた。昔のままのテーブルに座り、食事をしたが、ネヴィーのいない部屋、キッチン、テーブルが寂しくてたまらなかった。

　食事の後、私は「大切な話がある」と言って、ハンズに座ってもらい、ありったけの思いを込めて、これまでに彼らが私たちにしてくれたことへの感謝の気持ちを伝えようとした。話したいことは山ほどあった。あれも伝えよう、これも話そうと思っていた。そのためにやってきたのだから。でもいざその時がくると、涙が溢れ出し、何も言うことができなかった。結局、私も妻も、ただ泣いているだけだった。ハンズは私たちを抱きしめ、「ありがとう…」と言ってくれた。あのときの彼の優しい眼差しを、私たちは一生忘れないだろう。

　こうした善良な人々との出会いは偶然なのだろうか？　それとも出会うべくして出会っているのだろうか？　振り返ってみると、彼らから受けた親切や思いやりが、私のなかで少しずつ自分の使命感へとつながってきたことに気づく。

　あなたの人生の旅、出会い、そして使命感について考えてほしい。私たちは、ただ起きて、食べて、楽しんで、寝るためだけに生きているわけではない。確かに、向かうべき場所や目的があり、果たすべき使命があるのだと信じたい。それこそがソーシャルワーカーらしい生き方ではないだろうか？

　たとえこれからの時代が、どんなに不安に満ちたものになったとしても、あなたには、向かうべき場所に向かい、出会うべき人と出会ってほしい。そして勇気をもって、使命を果たす旅を続けてほしい。

第 3 部

....

戦い続ける
「あなた」への
メッセージ

1 原島から「あなた」へ
「命の水」を注ぐこと、そのための「仲間と居場所」を、もう一度強調したい。

「命の水」という言葉に「ハッ」とさせられ、心が動いた

「命」という表現は大袈裟だと思うかもしれない。でも、ほかにふさわしい表現は見つからない。この水を見つけた人は、みなそう感じているはず。あなたはどうだろう？　何かを感じただろうか？

私は、虐待する親、その子どもたちの「心のコップ」を見るのが怖かった。彼らの求める水を、注げる自信がなかったから。自分のコップが空だと認める勇気すらなかった。でも彼らと向き合うには、どうしてもこの水が必要だと気づいた。

あなたが今、何と、誰と戦っているのか、どんな葛藤を感じているかはわからない。でも、もし自分のコップが空だと感じるなら、命の水は助けになる。自分と向き合うことは、きっとできる。

「劣等コンプレックス」を自分のなかに見出した

「私にとっての水とは？」「その水は誰から、どのようにして得るのか？」。そもそも「なぜ私の心のコップはすぐに空になるのか？」。たくさんの疑問があった。でも考えることは、意味のある葛藤だった。

次第に、「自分は失敗したという思いが強い」ことに気づいた。それを隠すかのように、仕事に没頭していたのかもしれない。問題を抱える人々を救うことで、彼らの水を吸い取っていたのか？

あなたが自分自身に、何らかのコンプレックスを見つけたとしても、心配しないでほしい。コンプレックスがあるから、他者の痛みに気づけることも確かだから。

コップは悲鳴をあげていた

中学、高校と進学校、成績も上位で、スポーツも得意…隠れたエリート意識やプライドがあった。それに…幼少期の親の離婚で傷ついていた私は、「ほかの誰にも負けたくない」と、すごく意固地になっていたんだと思う。

そういう私も結婚に失敗して…ものすごくショックだった。そのことを受け入れる時間もなく、仕事に打ち込んだ。時には、自分よりうまくいかない母親たちを見て、同情し、犠牲になった子どもたちを救いたいと願った。でも、心のコップはずっと空のまま、悲鳴をあげていた。

あなたが私と同じように、空のコップのまま、前へ前へと走っているなら、心も身体もつらいはず。コップが空だって、恥ずかしいことはない。私が力を得たように、あなたも力が得られる。

今、コップに水が満ちている人は、あなたの大切な人のことを、もっと見てあげてほしい。そして彼らに水を注いでほしい。あなたの力を必要としている人が、本当にたくさんいる。

「仲間や居場所」に助けを求めることが、絶対に必要だった

母と話す時間をとった。幼い頃の気持ち、その後の自分の失敗を聴いてもらった。母も「苦しかった」とわかち合ってくれた。私たちの心に、水がゆっくりと満ちていく…その感覚は心地よいものだった。

母は私にとっての仲間、自分の家は私の港。私はここで助けを求め、水を入れてもらった。私も母に水をあげた。もう1つの発見は友達。私にとって、中学の部活仲間は、互いの肩書などなくても、わかり合える横の関係。そうした居場所があったことに、本当に感謝した。そして私の「命の水」は、満ちていった。

あなたには、仲間や居場所があるだろうか？　その場所こそ、あなたが水を注いでもらえるところ──そこに助けを求めてほしい。

水が満ちると、周囲に目を向けられるようになってきた

私は、虐待をしている親たちのことを考えていた。彼らの心のコップが乾ききっていることは、ずっと前から知っていた。本当はもっと水を足してあげるべきだった。そのようなことは、やればできたことなのだ。水を足すことは、親たちの生活課題を改善することには、すぐにはつながらない。だとしても、彼らは「今、ここ」で満たされ、心地よさを感じ、自分を大切にしたいと思えただろう。小さな勇気が得られたかもしれない。

あなたが本当にしたかったこと

　彼らの目前の問題が、すぐには解決しなかったとしても、人々に「命の水」を注ぎ、勇気づけること、それが、私の本当にしたかったことだと思い出した。「命の水」が心に満ちると、力が湧いてくる。そして外に目が向けられる。そして、あなたが、本当は何をしたかったのか？　そのことを思い出し、やってみる勇気が湧いてくる。

　あなたは、本当は、何をしたかったのだろう？　そのことを、思い出してほしい。水を心に溜めるなら、あなたにはそれができる。だから「命の水」を、自分自身に取り入れてほしい。

クライエントのために

朝、通報があり、少女を保護した

　残念ながら2度目の保護だった。母親と再会したとき、頭のなかを4年前の風景が駆け抜けた。あの日、家を訪問したとき、陰に隠れていた、娘の美弥の息遣いが聞こえていた。散らかった部屋で、叱られ、暴言を浴びせられ…それでも母親の手を握りしめ、震えていた、彼女の気持ちを想像できるだろうか？

　「すぐにでも保護したい！」。けれど、引き離されたことが、生涯の傷となる子もいると知っていた。だから判断に苦しんだ。最善の選択は、その子、その親、その家族によっても違う。悩んだ末に、私たちは美弥を保護した。下した決断が正しかったのかは、きっと誰にもわからない。

渇き切ったコップに「水」を注ぐ

　4年後、虐待が再発、美弥を再び保護し、母親から事情を聴いた。彼女は泣きそうな声で、「どうして…頑張っているのに私を責めるの？」と訴えた。心のコップは、渇きで悲鳴をあげていた。その瞬間、私がするべきことは、まず水を足すことだと気づいていた。もちろん、ほかにするべきことや、言うべきことは、山ほどあった。それでも、今は彼女に水を足そうと思った。

　それは私のなかでの大きな変化だった。ありきたりの言葉しか言えなかった。彼女のほうに向き直り、心を込めて、「あなたが頑張ってきたことはわかっているよ…」と伝えた。そして続けて「美弥ちゃんのこと、心配してるんだよね、お母さん、美弥ちゃんのこと、大好きだものね」と言葉をかけた。

　月並みな言葉だ。ほかの人なら、もっと気の利いたことが言えただろう。でも私はそのとき、ちゃんと「水」を意識できた──それが大きな変化だった。

「大好きな子どもに、暴力をふるう親などいるだろうか？」と、あなたは思うかもしれない。彼女を甘やかすような言葉だったかもしれない。説明は難しいが、こうした母親は、娘を自分なりに愛している。そして、娘も（母親が）自分のことを好きだと知っている。

「ごめんなさい…ごめんなさい…頑張ったのに…すごく頑張ったのに…」。そのときの母親の声が、心に響いた。初めて、母親の苦悩を、ちゃんと受け止めることができた。

戦い続ける「あなた」へ

助けを求めても得られず、諦めてしまう者はたくさんいる。それはソーシャルワーカーもクライエントも同じだ。気にかけてくれる人が、1人もいないなら、水は枯渇し、いつか人も枯れていく。

いかなる暴力も虐待もあってはならない。しかし、もし私が、同じように孤独で追い詰められたなら、同じようになったかもしれない。誰もが助けを求めている。だから、豊かに水を注いでくれる「仲間や居場所」は、絶対に必要だ。

あなたが、どうやって命の水が得られたのか、それをどうやってクライエントに注いだのか、ゆっくり聴いてみたい。そのときたくさんの水が、互いのコップからあふれ出ることだろう。

村井から「あなた」へ

「Active Listening」の力、それが 新たな「行動や経験」につながっていく ことをわかち合いたい。

自分自身のために

「Active Listening」で自分の否定的な感情が流れ出た

　大切な人に重篤な病気が発見されたとき、ショックと落胆に苛まれた。弱っていく人をただ見ていることが、どんなに苦しく、孤独だったかわからない。「この気持ちは、誰にもわかってもらえない」、そう思っていても、心は「わかってほしい」と望む。あのときほど、共感を切に求めたことはなかった。

　当時の医療は、私たちの気持ちに関心などなかった。ただリスクを説明し、治療を迫るだけ。その結果、ほとんどを強いられて選択したように感じた。そして私たちの感情は、置き去りのままだった。

　Active Listening を学んだとき、誰よりもまず、自分の気持ちと共感してみたかった。あのとき、かけてほしかった言葉を、自分に投げかけたとき、奥底に押し込められていた否定感情が外へ流れ出し、ようやく肯定的な水の入れ替えが始まった。

　まず、あなた自身に耳を傾け、心からの共感を伝えるなら、押し込めていた感情が解放され、豊かなスペースが生まれる。そこにたくさんの肯定的な力を迎えよう。そのときの心地よさを体験するなら、同じ気持ちをクライエントにも感じてほしいと願うことだろう。

「話なんて聴かなくても、いくつかの選択コースに流し込めてしまう」

　これはかつて先輩が、冗談まじりに言った言葉だ。あれは自販機のようになっていく自分への抵抗だったと今になってわかる。その先輩は、いつも本当の声を探していた。その姿にどれほど感謝したことだろう。

　患者や家族は、予期せぬ病、不安、恐れと闘っている。そして、ほとんどの人は、諦めずに、継続的な治療を望んでいる。直面する現実…お金、仕事、介護など、さまざまな課題を背負っている。病院の求めるものと、患者や家族の望みには、大きなギャップが生じ、その狭間に私たちがいる。

時間制限のあるなか、退院・転院へと、患者、家族の背中を押す一方で、彼らに寄り添うことは難しい。時には「追い出す立場」と受け止められ、寄り添いきれない自分に無力感や不全感を抱く。

職場の使命とクライエントの望みの狭間で、あなたはきっと、最善を尽くしている。うまくいかない日のほうが多いかもしれないが、それでもあなたは、前を向いている。

弱さに打ちのめされている人を見たことがあるか？

すべての自信をなくし、希望も見えない。そのような人に「強さ」はあるのだろうか？　あるがん患者のことを思い出す。彼は治療を受けるたびに、希望が砕かれ、苦しみは増すばかりだった。かつて得ていた人生の成功は色あせ、未来は意味のないものに感じられた。身体の痛みと倦怠感で、一日中、天井を見て過ごしていた。

彼を元気にしたかった。だから話を聴いた。でも元気づけられたのは、私のほうだった。話すたびに、自分の心が洗われていった。私を笑顔で迎え、「お元気でよかったです」と言ってくれた。その「強さ」を、彼自身は知っていたのだろうか？

あの頃の私は、彼に「強さ」を伝えきれなかった。そのことが残念でならない。今なら、クライエントの強さを、もっと見つけることができるし、それを伝えることもできる。

「弱さの陰に強さがある」。でもその強さを、自分では見つけにくい。だからあなたが自分の弱さに気づいても、落胆しないでほしい。一見、弱いと感じるところに、本当の強さが秘められている。あなたはもう、そのことに気づいているのかもしれない。

聴くことで、効果の法則を回す

聴いていると、相手の望みが見えてくる。もちろん、さまざまな壁があり、望みのすべてを叶えることは難しい。まずは「そのくらいなら、できるかもしれない」というほど小さなことを見つけ、丁寧に拾い上げ、全力で解決してみる。そうすれば変化が起こる。相手の要望、選びたかったこと、望んだことが、わずかでも叶うなら、それがささやかな「成功の経験」につながり、効果の法則が回り出す。

何も話を聴かずに、ただ「これしか選択肢はありませんよ！」と言われたら、我慢してそれをするだろうか？　おそらくそのような経験は、負の感情として脳に記憶され、その後の行動を弱め、力を奪ってしまう。

最終的には同じ選択でも、十分に聴き、話し合い、納得して決めたことは成功経験なのだ。

最終的に提供できるサービスに限界があっても、「聴くことは無力だ」と感じる瞬間があっても、それでもあなたには、聴くことを選んでほしい。真摯に聴くことは、必ず可能性の扉を開き、次の行動や経験につながっていく。

経験学習のサイクルは、いつも私たちのなかで回り続ける

もっとも未活用な財産は経験。経験は活用されなければ、ただ捨てられるだけだ。しかし、経験を感じ、考え、大切な気づきに変えるなら、サイクルは回り続け、脳のプログラムとなり、次の成功へと導いてくれる。このことを深く理解したなら、視界が開ける。

これまでの経験も行動も、すべて脳に保存されている。幼い頃の懐かしい思い出も、思春期のほろ苦い経験も、自分を信じ続けて努力した日々も、挫折し、落胆したことも。それは私やあなただけの財産であり、無償で何度でも使うことができる。脳を味方につけることほど確実なことはない。

大きな扉が開くのは、小さなドアノブが回るからだ。あなたにとっての経験や行動は、あなたのドアノブ。それを回すことで、新しい経験への大きな扉が開いていく。

クライエントのために

「壊れている肺は治らない」

撮影したばかりの CT 画像を眺め、医師は淡々と告げた。「白い影が広がっているから、かなり息苦しいと思う…ここまでくると…治療というより在宅酸素での対症療法になる」。

緊急の検査入院となった患者、秋代の肺は弱く、呼吸不全のため、心臓やほかの臓器に負担を強いていた。二酸化炭素を吐き出す力もないため、頭痛がひどく、生活は困難を極めた。医師は、酸素治療に加え、NPPV 療法（非侵襲的陽圧換気療法）を導入。これらは気管切開せず、マスクを介して換気を行う人工呼吸器療法である。ただ毎月の費用が重荷となった。

障害者手帳をとると費用は安くなるか？

「はあはあ」と肩で息をしながら尋ねる秋代。経済不安を抱えていることは表情から見てとれる。障害等級３級程度は、自治体にもよるが、経済的なメリットは少ないと伝えると、落胆した様子でつぶやく…。「間質性肺炎は難病。同じ呼吸不全なのに、なぜ私の病気は認定が低いのか…」。

理由は説明できる。でもそれを聞きたいわけじゃない。訴えているのは「不公平さ」「理不尽さ」なのだ。同じ苦しさなのに、ある疾患は無料、別の疾患には多大な費用を強いる。それが制度の壁だ。

「仕方ない」と割り切り、一応の説明だけで済ます人もいる。どんな訴えを聴いたとしても、現実に、秋代は NPPV 療法を受け入れるしか選択肢はないし、費用も支払わないといけない。ソーシャルワーカーが、それを変えることは、現実的に難しい。

聴くことは無意味なのだろうか？

聴くことで何が達成できるのか？　秋代と向き合いながら、いろいろな思いが心をよぎる。人生に突然、降りかかってきた不幸、まともに息を吸えない苦しさ、経済不安、制度における不公平さ、医療システムのなかでの無力感…否定的な思いがたくさんある。それを外へと引き出せるだろうか？　主訴には直接関係しないが、聴くことは、次につながっていく。

聴くことから小さな解決へ

話は入院費に及んだ。「医師が緊急の検査入院を決めた。しかし一般病棟に空きがなく、個室を勧められ、誓約書まで書かされた。ホテルで1泊しても、チェックアウトまでに出れば1日分で済むが、個室は、当日夕方に入院し、夜中の12時を過ぎると2日分の請求になるという。自分で望んで入院したわけじゃないのに…あまりに貧乏人をばかにした話だ」と話す秋代…。

すぐに事務、病棟と交渉し、個室であっても、一般病棟と同じ費用にしてもらった。ささやかなことだが、喜んでくれた。費用の面もあるが、何より秋代の訴えたことが、ちゃんと聴かれた！」。それは小さいけれど、彼女の肯定的な経験につながった。

戦い続ける「あなた」へ

制度、組織などの現実の壁が高いと、人々は、諦め、無力感に陥る。そうした感情を外へ出すなら、肯定的な感情と力は戻ってくる。聴くことは、無力なことではない。逆に、無力さを解放することで、クライエントのワーカビリティを高める。

聴くことはたくさんの扉を開く。信頼への扉、自己決定への扉、癒しへの扉、成功経験への扉、行動への扉、問題解決への扉…そしてその先に、あなたのなりたかった支援者への道が続いている。

あなたが、どのように人々の声を聴き、わかり合えたのか、そして、そこからどんな新しい経験が生まれたのか、これからも語り続けてほしい。あなたの話に、きっとたくさんの人々が励まされると思う。

3 篠崎から「あなた」へ

私は「問題解決」を重視する。
そして、そのために「リフレーミング」を、
どう活用できるか考えたい。

自分自身のために

「目に見える小さな解決が大事」と気づいた

これまで、どんなに時間をかけても、プロセスが素晴らしくても、問題解決できなかったことがたくさんある。「頑張ったんだから」と自分を慰め、「どこで、何を間違えたのだろう？」と深く悔い、自責の念に苦しむ。そんなことは、ないだろうか？

「篠崎は、大きなことばかり見ていないか？」と先輩に言われ、ようやく気づいた。「大切なのは、目に見える小さな解決」。その繰り返しが、大きな変化を起こし、見えない心にまで影響をもたらす。

小さな目標を決めて実践することで、ある子は「平均台を50㎝歩けた！」と喜んだ。それは彼女の大きな自信になった。スモールステップを繰り返すごとに距離は伸び、ついに最後は5m歩けた！　私のフレームが180度、変化した瞬間だった。

問題が1つ解決していくごとに、心が1つ軽くなる。その変化が目に見えるということは、なんと素晴らしいことだろう。見えないものを追いかける前に、まず見えるものを、しっかりと手にとろう。

小さく、ゆるやかな変化に気づけるか？

解決志向では「変化は必然」という考えをする。人は変化し続ける存在！　それを知ったときの感激を忘れない。「私は変われない」と落胆している人に伝えたい。人は変われる。私はそれを信じている。

ただ、人の変化は小さく、ゆるやかだ。その人に障がいがあれば、なおさらゆっくりだ。その小さな変化ですら、全く見えてこないこともある。ちゃんと成長できているのか、とっても不安になる。ではどうしたら、自分やほかの人の変化に気づけるのだろう？

変化を見届けるには、長く、大きなフレームが必要だ。息子が生まれたとき、ハナミズキの

144

苗木を庭に植えた。その木は毎年成長し、20年後の今では、2階の窓から白い花と青々とした葉が見える。

あなた自身を20年というスパンで振り返るなら、ゆるやかな変化が見えてくる。それをつくってきたものは、実に恐ろしいほど、小さな変化の連続だったのだ。

「フレーム」──ミクロ VS マクロ

人は、変化する長い時間のなかで、フレーム（物の見方）をつくり上げる。経験から築いたこのフレームが、あなたの解決の基準となる。物事の現実は変えられないが、物事を眺め、解釈するフレームが変われば、あなたの現実は全く別の意味をもつようになる。

眺めるものによって、フレームを使い分けるのはどうだろう？　正確さが要求されるものには、ミリ単位の小さなミクロのフレームが必要だ。しかし人生を、同じフレームで眺めることは得策ではない。

学生時代、バスケットボールに夢中だった。それだけを点のようなフレームで見つめていた。けがで最後の試合に出られなかったとき、人生が終わったと感じた。つらい現実を受け入れるには、もっと大きく、広いフレームが必要だった。実際、人生はそれだけで終わりはしなかったし、その経験があったからこそ、私は強くなれた。

理想と現実の狭間で苦しむとき、大きく、広いフレームで自分を眺めてみよう。「なぜ今、こんなことが起こったのか？」。それは誰にもわからない。しかし、だいぶ経ってから理解することもある。大きなフレームは、あなたを長く待っていてくれる。

フレームの上書きはできるか？

経験によって、私たちの固定されたフレームは上書きされるのだろうか？　障がいのある子を育ててきた母親は「私の人生はずっと不幸だ！」と思い続けていた。しかし、その子を病気で失ったとき、フレームがすべて上書きされた。「この子がいてくれたからこそ、自分は幸せだった」と心から理解した。

フレームが変われば、人生の幸福、不幸が入れ替わることさえある。ならばこの人生を生きるうえで、最初から、もっともよいフレームを探し求めるべきではないだろうか？

あなたが、失敗や後悔によって、フレームを入れ替えることがあったとしても、落胆しないでほしい。それは人生で、避けられない教訓なのだ。

そんなときこそ、もっと広く、大きなフレームを求めよう。そこから眺めるなら、あなたが長く苦しんできた後悔でさえ、ほんの小さな点に見えることだろう。

MCO ＋課題中心＝古くて新しい手法

　モチベーション（M）、能力向上（C）、機会の提供（O）を使って、目に見える小さな課題に、時間制限のあるなかで取り組むことは、古いけれど新しい手法でもある。古典的アプローチには、あまり夢中にはなれないかもしれないが、目に見える解決の力を経験したければ、ぜひ試してみてほしい。

　「時間制限や締め切りは、何のためにあるのか？」。私の答えはシンプル。「人は締め切りのあることしかやらない」ということだ。時間的制限があるから優先順位が上がり、締め切りがあるから間に合わせようとする。人はどうしようもなく怠け者だ。

　古い理論は、年代が古いだけで、改めて学ぶなら、たくさんの新しいことを見出せる。人々は、何世紀にも渡って、人生の問題を解決しようと努力してきた。その結晶をもう一度手にとってみるよう勧めたい。

クライエントのために

障がいがあると知ってうれしかった

　「長い間、苦しんできた。どうしてなんだ？　自分を責めた。でも障がいだとわかってほっとした。もう自分のせいじゃないんだ…」。

　アスペルガー症候群と ADHD（注意欠陥・多動性障害）に苦しんだカズは、空気の読み方がわからず、学校や家庭、仕事場で、周囲を不愉快にさせ、孤立してきた。
　何かを言うと、人々は決まって沈黙する。それで「ああ、また変なことを言ったんだ」とわかる。物事を順序立ててすることが苦手。忘れることも多く、与えられた仕事ではミスばかり…。

　カズの苦しさを思い計ると切ない。彼は、今、何を必要としているのだろう？　小さくてもいい。何か目に見える解決を探せないだろうか？

「生まれもったフレーム」

　これまでに学んだフレームは、経験がつくってきた「物の見方」だが、生まれもったフレームは、脳の器質からきており、より強力な影響を与える。その意味をカズは理解できるだろうか？

　「99 人が同じような色のメガネをかけている。でもカズ、あなた 1 人だけ違う色のメガネをかけている。そうすると、見えるものが違う。99 人は同じ国の文化で、あなただけ外国文化ということ…」。

「僕だけ『普通じゃない』ということ？」。
「いや『違う』ということ！」。

　学校でも職場でも、「普通じゃない＝劣っている」と見下され、劣等感をもったかもしれない。しかし、その多くは、生まれもったフレームからきている。だからまずは、自分のフレームを徹底的に知るべきなんだ。そのうえで、新しいフレームを加えてみたい。

出来事	フレーム	言動・感情・行動
	生まれもったフレーム	言動・感情・行動

フレームと言動・感情・行動のつながり

　「出来事にどう応えるかは、フレームで決まる。99人は、生まれもったフレームが似ているため、言動、感情、行動は、それを反映したものになる。でもあなたは、生まれもったフレームが異なるので、違ったものになる」。

「わかり合えないということ？」。
「わかり合える場所をつくるんだ！」。

わかり合える居場所をつくる

　「空気を読めない、あるいは読みすぎる言動や行動は、相手を傷つけようとしているのではなく、生まれもったフレームからくる…そのことで深い孤独を感じてきた」。家族や友人たちに、このことを、何度も伝えて、わかってもらう必要がある。わかってもらえるなら、自分の居場所をつくることができる。

「伝えることで、僕は変われる？」。
「カズが変われなくても、まわりがわかってくれるなら、孤独でなくなる…それはとても大事なことだよ」。
「その後は？」。
「空気を上手に読むためには、いろんな練習方法がある…もしそれがしたいなら、一緒にできるよ」。
「何を言ったら正解なのか、いつもわからなくなってしまう…」。
「確かカズは、漫画が好きだったよね。そこにたくさんの会話が出てくる…それを読んで、どうしてその言葉なのか、自分ならどう答えるのか、比べてもいい…同じ状況だったら、どんなふうに答えるのか、一緒に練習しようよ」。

　99 人を相手に、1 人だけ違うフレームで暮らすのは、ひどく孤独なことだ。周囲は「変わっている、普通じゃない」という視線を、ナイフのように向けるだろう。かといって、生まれもったフレームを変えることは困難だ。ならば別世界で、孤独に生きる覚悟をもつしかないのか？

　違いがあっても「理解者」を探すことはできる。そして、あなたがその 1 人になれる。それが目に見える小さな解決の始まりだと思う。

　あなたの見つけ出した小さな解決は、人々の人生を大きく動かすに違いない。そして今、不安を感じているソーシャルワーカーを、たくさん力づけてくれる。

和田から「あなた」へ

私は「物語」というアプローチに魅せられた。誰もがもっている自分だけの物語を、どのように人生の困難に活用できるだろう？

自分自身のために

ただ前へ前へと生きてきた

　気がつけば、目の前に目標がおかれ、いつも誰かと競争させられてきた。でも「どうしてだろう？」と考える時間はなく、ただ前へ前へと進み続けた。やがて大きな壁にぶつかり、前が見えなくなった。振り返ると、私の後に、物語が続いていた。

　主人公であるはずの私は、自分の物語よりも、早く走り過ぎたのだろう。何十年も生きてきて、ようやく自分の物語に出会うことができた。

　「なぜ目の前のことをするのか？」。わからなくなったら、**置き去りにしてきた自分の物語を探しに行くのも悪くない。自分がやってきたことの意味が、もっとわかるようになる。**

何が意味あることなのか？

　私の物語は、たくさんの風景を見せてくれた。幼い頃から負けず嫌いで、競争が大好き。スポーツでは「勝つ」ことに、強いこだわりをもった。そのため死に物狂いで走り込み、自分を鍛えた。賞に入り、メダルやトロフィーを手にすることが最大の喜びだった。

　しかし、物語はささやく。「それは本当に、意味あることだったのか？」「何か大切なことを見落としてはいないか？」。

　競争は勝者と敗者をつくり出す。最終的な勝者とは、一度も負けなかった人。それ以外はどこかで敗者となる。１人の勝者とたくさんの敗者を生み出す競争の物語に、どんな意味があるのだろう？　そもそも競争すらできない者は、メインストリームを歩けないのか？　それは二流の物語を生きているということなのか？

　アリーナで競う、華やかな勝者でなくてもいい。観客のいない小さな広場にも、懸命に生きる人々がいる。誰かと競えなくても、自分と真摯に向き合い、もっとよくなりたいと願う人がいる。あなたは、きっとそのような人を知っている。

Live Your Story

　誰もが自分の物語を生きるべきだ。優れているとか、劣っているとか、能力の競い合いではなく。1人ひとりが自分のメインストリームを堂々と歩く。そのような物語をもつことはできないだろうか？

　「和田は競争で勝ってきた人だから、そんな理想が言えるんじゃないの？」。

　確かにそうかもしれない。十分にいい思いをしたからこそ、現実とかけ離れたことを願うのかもしれない。

　走っても何の賞もとれず、勉強でも結果は出せず、どんな競争にも負け続け、いつも比較され、劣っていると言われ…それでも、その人の物語に意味はあるだろうか？

　Live Your Story の真の意味は、与えられた道を受け入れること。正しい方向に向かうこと。自分の道を切り拓くこと。そして投げ出さず、最後まで歩き続けることだ。主人公のあなたに代役はいない。もし誰かが、あなたの人生を評価しようとするなら、拒否してほしい。それはあなただけが意味づけるものなのだ。

新しい物語に意味を見出すことは可能か？

　高校時代、成績優秀で、誰もが憧れる友人がいた。卒業式のとき、彼は晴れやかな表情で校門を出た。その先には、約束された輝かしい日々が待っているはずだった。希望の大学に行き、有名な企業に勤め、婚約者もいた…しかし、それは破談となった。

　「妹が障がい者だ」というだけで、相手家族から反対された。「今の時代にも、そんなことがあるのか？」と驚くかもしれない。しかし、偏見や差別は、表面に出なくなっただけで、人々の心に、ずっと潜在してきた。これも悲しい現実だ。

　人間不信となった彼は、うつ病となり、仕事を辞め、小さな田舎町に戻った。そして今も病気と闘いながら1人で暮らしている。

　彼は、自分の物語に、今、どんな意味を見出しているのだろう？　自分の人生が思いどおりにならないとき、新たな物語を紡ぎ直せるのか？　またそこに意味は見出せるのか？

　彼を「人生の敗者」だと言う人もいる。しかし勝者と敗者は、一体、誰が決めるのか？　彼は与えられた道を受け入れ、懸命に歩き続けている。私たちソーシャルワーカーは、彼を「自分の人生の勝者」にすることはできないだろうか？

物語と和解する

　自分の人生の勝者になれるかどうかの鍵は、物語との和解にある。ナラティブアプローチでは、ドミナントストーリーを解体し、オルタナティブストーリーを再生する。しかし、慣れ親しんだドミナントストーリーを手放すことは難しい。だから自分の物語を受け入れる。十分に自分の弱さを受け入れ、また強さを認めるならば、ドミナントストーリーを壊すことなく、新しい物語を続けることができる。

　「私たちは、この物語を終えるとき、どんな記憶が残っているのだろう？」。何かに打ち込み、報われた経験？　それとも誰かを愛し、ときめいた思い出？　あるいは仲間との楽しかった日々だろうか？

　どんな人々をも、敗者にはしたくない。彼らの記憶に素晴らしい出来事を刻み、自分の人生の勝者とするために、あなたには何ができるだろうか？

　自分は敗者だという人の物語に「この瞬間のために生きてきた」、そう思える場面をつくりたい──きっとそれが、あなたや私の、1番したいことじゃないだろうか？

> ### クライエントのために
>
> #### かつての友人の影
>
> 　コウキは、高校時代の私の友人のようだ。婚約は破談、うつになり、仕事も辞めた。彼は、高校を卒業したとき、どのような思いで旅立ったのか？　その後、こうした試練が待ち受けているとは、夢にも思わなかっただろう。
>
> 　意気揚々と船出した真新しい船は、たった1度の嵐で難破し、見知らぬ島に打ち上げられた。そこで待っていた現実は、小説ならば冒険の始まりだが、生身の人間にとっては、ただの鬱々としたトンネルの入り口に過ぎなかった。
>
> #### 自分の物語を見つけたか？
>
> 　そう尋ねると「昔のことは忘れた」と話す。正確には「忘れたい」なのだろう。彼にとって、過去を振り返ることは苦痛が大きい。かと言って前進もできない。「Stuck」しているのだ。
> 　あなたの物語は、すぐ後ろで生きている。何もかも失っても、自分の物語を失うことはできない。

物語との対話そして和解

　「過去の栄光にすがりたくない」とコウキは言う。人生の前半は、華々しい成功の物語だった。しかし、その後の数々の試練、格闘した人生もまた、真実の財産ではないのか？　ならばよいこと、悪いこと、その両方を語り、和解の道を進む。それが Live Your Story。彼に尋ねてみた。「あなたは、和解の道を選ぶのか？」。

　コウキは振り返り、自分の物語と対話しはじめた。それは勇気ある一歩。朝日のような思い出と、よどんだ雲に隠れてしまう経験が交差する。それを語り続けることで、和解に近づいていく。

　「あまりにも異なる経験を、心のなかでどう折り合いをつけるのか？」という質問に、コウキは「何事も、与えられたもので満足する」と答えた。

与えられたもので満足する？

　誰もが人生で、幸運な機会と不幸なチャレンジを受け取る。あなたは、与えられたもので満足できるだろうか？　これは深淵な問いかけだ。

　この世界は「満足できないからこそ努力した」人々の生きざまであふれている。同時に、人は満足できないからこそ、いつまでも自分と和解できない。どうすることもできない現実を受け入れ、それに満足するには、さらなる力が必要ではないか。あなたならどう応えるだろう？

　コウキは続ける。「私自身、ずっとこの問いと戦ってきた。満足するのは、自分の負けだと思った。まだやれることがあるんじゃないか。それをしないと、自分はダメなんじゃないか。けれど、どうしようもないことが人生には起こる」。

　「受け入れるとは、そういうことじゃないのか？」。

　コウキは、一段、高い道を歩こうとしている。私やあなたにできることは、その証人となることなのだ。

戦い続ける「あなた」へ

　人は勝者、敗者、どちらかの物語を背負わされて生きる。それは社会が意味づけたディスコースを歩くことでもある。しかし、ナラティブアプローチを活用するソーシャルワーカーは、それに真っ向から異議を唱える。

　Live Your Story！　自分に与えられた道を受け入れ、最後まで歩き続けてほしい。物語に意味をつけるのは、ほかでもない「あなた自身」だ。

　「敗者の物語」を背負っている多くの人々がいる。彼らが、自分だけの物語を受け入れ、和解するならば、そこに新しい道が生まれる。それは社会が決めたディスコースではない、一段高い道だ。

　観客が誰もいない、原っぱで気落ちする人々を、あなたがどのように支えたのかを知りたい。そのときあなたは、自分に誇りを感じ、喜びでいっぱいになるだろう。

5 水口から「あなた」へ

大切な人や大切なものを失う悲しみを、避けることはできない。ならば私は、「喪失と悲嘆」を受け止める人でありたい。

自分自身のために

悲しみの原因は「失う」ことにある

　この当たり前すぎるセオリーから何を学べるだろう？　それは…「もし失うことが避けられないなら、人生に悲しみは尽きない」ということだ。そして悲しみが尽きないならば、寄り添う人が絶対に必要になる。しかし、そのような人を見つけることは、できるのだろうか？　あなたの悲しみに寄り添う人は、あなたのそばにいるだろうか？

　「人を信頼することはやめたんだ」という人に何度も会ってきた。彼らは「この気持ちは誰にもわかってもらえない」と訴える。その裏側に、ずっと傷ついてきた、彼らの悲しみが見てとれる。本当は、誰よりもわかってほしかった。でも、それは叶わなかった。だから信頼することをやめた。

　あなたも、何かを失ったことがある。人を信頼し、裏切られた経験もあるだろう。だから、その悲しみを知っている。ただ、そういった経験があったとしても、これだけは言える。
　「人を信頼することは、やめることができない」。人はみな人を信頼したいのだ。

完璧さを期待しない

　人は神ではない。善人にも悪人にも太陽を登らせることなどできない。すべての人は未熟で不完全だ。だから「誰かに、自分の悲しみのすべてを理解することを期待してはならない。そして、もちろん自分も、ほかの人の悲しみを十分に理解することなどできない」。これは、悲しむ人に寄り添うための、私の信条だ。

不完全さに救われるときもある

　未熟で不完全なことが、誰かの悲しみを癒すこともある。私自身は弱い人間で、悲しみを抱えやすい。でも私の夫は「鈍感」で、「どうして、私の悲しみをわかってくれないのか？」と責めることもあった。そのたびに夫は、「ごめんね、僕は鈍感だから、よくわかんなくて…」と応えていた。時が流れ、私は少しずつ理解しはじめた。

悲しむたびに、夫にナイフのような言葉を投げつけたかもしれない。でも彼はそれを全く気にしなかった。そうやって受け止めてくれたから、私は感情を外へと出せた。夫の鈍感さは、実は寛容さでもあると気づいたのだ。

不完全な者同士が、互いの悲しみを癒そうと努力していることを覚えておこう。その不完全さを、受け入れることさえできれば、回り道などしないものだ。

日差しと日陰　１人ひとりの季節を知る

春は日差しが温かく心地よい。そこは誰もがいたい場所になる。その季節には、日陰は嫌われ者だ。寒く、陰湿な感じがする。しかし、季節が変わり、夏になるとどうだろう？　誰もが日差しを避けて、日陰に逃げ込む。暗がりが心地よいことを知っている。

人に寄り添うとき、彼らが日差しを求めているのか？　それとも日陰を探しているのか？　私は考えるようになった。悲嘆という道を歩く１人ひとりが、どの季節なのかがわかれば、心地よさを提供できると知ったからだ。

あなたは、あるときは日差しになり、そして、別のときには日陰になる。悲しみを癒す人は、結構忙しい。片方にライトを持ち、もう片方にパラソルを持つ。不完全であるがゆえに、準備は入念にする。

失ったものに込められた意味

「失った」という事実だけが、悲しみを連れてくるわけではない。「失ったことに、どんな意味が込められていたのか？」——それが悲しみの度合いを決める。

我が家で飼っていた愛犬が老衰で亡くなったとき、もちろん全員が悲しんだ。しかし、夫の悲しみ方は尋常ではなかった。鈍感だといわれていた夫が、激しく憔悴し、食事もとれないほどになった。愛犬は彼の親友だった。

夫は毎朝、散歩に連れ出し、食事の世話をした。愛犬も彼が家に戻ると、飛びついて迎えた。夫にとっての愛犬の死は、唯一無二だった、親友の死を意味したのだ。

誰にでも、大切にしているもの、思い出がつまったもの、古くなっても、お金には代えられないものがある。「そこにどんな意味が込められていたのか？」と尋ねるなら、悲しみの深さがわかる。

失っていないものに目を向ける

大切なものを失うと、もっているすべてを失くしたと感じるかもしれない。しかしそのようなときこそ、何を失っていないかに目を向けてほしい。

祖母は、老いていく過程で、もっているほとんどのものを失くした。でも彼女には「思い出」があった。それはいつまでも色あせるはずがなかった。

しかし、さらに状態が悪くなると、その思い出さえも失うことになった。記憶が曖昧になり、自分が誰かもわからなくなった。祖母が最期まで失わなかったものは、命ある限り生き続ける誇りだった。それが人間の尊厳なのだと理解した。

失ったもののすぐ近くに、失っていないものがある。また失うことで、何かを得ることもある。大切なことを失うたびに、私は人に寄り添う力を得た。あなたも、きっと何かを得ている。それを悲しんでいる人のために使ってほしい。

失うくらいなら、もたないほうがいいのか

あまりにも喪失や悲嘆が続くと、「最初から、何ももたないほうがいい」とさえ考えるかもしれない。その気持ちは痛いほどわかる。

若い頃、「失うくらいなら、夢はもたないほうがいい？」と尋ねたことを思い出す。すると祖母は、「この人生を本気で生きようとしたら、無傷ではいられないよ」と教えてくれた。確かにそのとおりだったと、今になるとわかる。

失うたびに、傷を受けるかもしれないが、カタチを変えて残っていくものだってある。最初にどんな人生を描いたかではなく、最後に残った人生を愛せるかどうかが大事だ。

悲しみに寄り添う者として、人々に教えてほしい。私たちは反対の物事を経験するために生きている。人生から悲しみをすべて追い出すなら、喜びの本当の意味さえわからなくなる。失った痛みは、あなたが人生を、本気で生きてきた証なんだと思う。

クライエントのために

私が「大好きなおばあちゃん」と呼ぶ、マキさん

初めて会った頃、彼女も私も若かった。ご主人に介助が必要で、自宅を何度か訪問していた。快活で、威勢がよく、私の祖母のように元気をくれた。

当時は忙しそうだった。「今日は婦人会の集まりがある…午後は選挙の応援がある」とあち

こち歩き回っていた。いつまでも元気なままのような気がしていた。

ご主人の死

　ご主人には、がんが3つもあったが、入院するたびに生還した。「あの人は不死身よ」と笑いながら話した。しかし、彼は不死身にはなれなかった。雪の降る12月、意識が少しずつ遠のき、最期は眠るようにして逝った。

　通夜にかけつけた。マキさんは、気丈にふるまっていたけど、心にぽっかりと穴が空いたようにみえた。

続く悲しみ

　忙しい生活が戻ると誰もが思っていた。しかし、ご主人を失った悲しみは、想像以上に深かった。気持ちが沈むことが多くなり、気弱になった。家からあまり出なくなり、人とも会わないようになった。久しぶりに訪ねると、部屋は散らかっており、気力の衰えを感じた。これまで以上に、見守りが必要になったのだと気づいた。

悲嘆のトンネル

　「ご主人が亡くなった後、どのような生活でしたか?」。

　「朝、一緒に散歩するのが日課だった…夫の退院後は、リハビリもかねて、毎日、歩いた。春は一緒に桜を楽しみ、田んぼに植えられた稲が、少しずつ伸びていくのを見届けた…今、1人で歩くことはつらい…」。

　いるべき人がいない。何気ない出来事を、わかち合える人がいない。その悲しみは、心を塞ぐ鉛のようだ。マキさんは、悲嘆のトンネルに静かに入っていった。

感情を引き出す

　こういうとき「お身体は大丈夫ですか? 食べていますか? 眠れていますか?」と身体状況について聴くことが多い。でも、感情を引き出すことも忘れてはいけない。

　「今頃の季節は、ご主人と、どんな話をされていたんですか?」。

　「どこか旅行でも行こうか? どんな花の種を買おうか…とか…そういえば、そろそろ種イモを買う時期だけど、あそこのホームセンターは、すぐ売り切れるから、早く行かなきゃね…とか、今思えば、たわいもない会話でも、相手がいたから楽しかった…」。

5

水口から「あなた」へ

悲しんでいい

　時々、遠くを見るように話すマキさんは、まだご主人を失ったことを、受け入れることができない。

　「みんな経験している…向かいの人だって…婦人会のなかにも…去年、旦那さんを失くした人がいて…」。

　「あなたなんて、まだいいよ。その年まで一緒にいられたんだから…そう言われると、悲しんでなんかいられない！」。

　「いえ、悲しんでいいんですよ…私も悲しいし、寂しいです」。

　本当にそう思う。長くこの夫婦と時間を過ごしたから。小さいけれど、思い出もいっぱいあるから…。

トンネルの出口は、どこへつながっているのか？

　「平気になるってどういうこと？」。

　「主人なしで平気な生活？　1人で生きることが楽しくなるってこと？　それじゃあ、あの人に申し訳ない。私が思ってあげないと、きっとあの人は寂しいと思うから」。

　「相変わらず、仲がいいね…ずっと思ってあげたらいい…そうしましょうよ」。

　今はまだ、出口は見えない。「いつか元気になれるよ」とも言えない。出口から出ることが、彼女の幸せなのかもわからない。でも一緒に、その道を歩きたい。その道が、どこにつながっているのか確かめたい。

戦い続ける「あなた」へ

　喪失と悲嘆のトンネルは、大勢の人でごった返している。それにもかかわらず、1人だけで歩く人がなんと多いことだろう。彼らは人を信頼することをやめたのか？　それとも、ただ私たちが、彼らを1人のままにさせているのか？

　かつて私は、このトンネルが薄暗く、失意で満ちていると思っていた。しかし、この道を通ったとき、このトンネルは、傷ついた人を、守っていることに気づいた。そうだとすれば、ここは特別な癒しの道でもある。

　あなたが、喪失と悲嘆の道を、誰と一緒に歩いたのか、それはどのような経験だったのか聴いてみたい。そのときあなたは、そこで得た、たくさんのことを教えてくれるに違いない。

6 中川原から「あなた」へ

この社会には「未解決の葛藤」が残っている。解決するために、同じ価値に基づくコミュニティをつくろう。

自分自身のために ▶

社会の側に、未解決の葛藤が残されていないだろうか？

　私は津波被害で、大切な人を失い、同じ苦しみをもつ人々と励まし合いながらここまで生きてきた。被害を知らない人々にとっては、もはや過去のことかもしれないが、私たちの時計は、あの日の時刻で止まったままだ。

　傷が癒えたわけではない。ただ心の箱に、すべての悲しみを入れて鍵をかけた。大切な人に別れを告げ、残された者として生きることを誓った。私たちはそれでいい。しかし、社会の側はどうだろう？　残された爪痕に、さっと薄い砂をかけて覆い隠し、あとは時の流れに風化をゆだねるだけでよかったのか？　未解決の葛藤は残されていないだろうか？

　あの日、起こったことを、あなたはどのくらい覚えているだろう？　被害を受けた人々が、その後、どのように生きてきたか、知っているだろうか？　社会の側に残る、未解決の葛藤に気づいているだろうか？

私たちと社会、乖離する葛藤意識

　未曾有の津波被害、その後に起こった原発汚染、すべてを流され、奪われ、追い出された私たちの経験は、個人だけのものか？　それとも、社会全体で受け止め、共有されるべきものだったのか？

　「なぜ私たちだけが？」という葛藤をずっと抱いていた。考え続けた末、出した答えは、この経験が、個人だけのものではないということ。社会が1つの身体なら、私たちは足の爪のように、ちっぽけな存在。ただ、そこが痛めば、身体全体も苦しむが、現実はそうはなっていない。

　私たちが苦しんでも、社会全体が痛みを覚えないなら、犠牲は無駄になる。それが私の心を、今も苦しめる葛藤だ…。しかし、これは本来、社会の側で抱くべき葛藤ではなかったのか？

6

中川原から「あなた」へ

社会（身体全体）は、個人（足の爪）の声を聴いていない

足の爪が剥がれるような経験に、私たちは悲鳴をあげた。あのとき、たくさんの人々が助けに来てくれた。どんなにうれしかったことか。しかし、時が流れ、いつしか忘れられていく…。もちろん、時間が経ったのだから、多少の痛みはこらえ、あとは自分たちだけで頑張ればいいことなのだろう。

あなたの足の爪が癒えていなければ、身体全体はまだ痛むはず。何の痛みも感じないなら、その声を聴いていないということだ。結局、この社会は、個人の声など、どうでもいいのかもしれない。私たちの後にも災害は続いてきた。彼らも同じように感じたのではないか？

あなたは、社会に属する者として、苦しむ個人に関心をもってきた。しかし、あなた自身が何かで苦しんだとしても、社会があなたに関心をもたないなら、どう感じるだろう？　そうしたことは、なぜ起こるのだろう？

人々をつなぐ価値の消滅が招いたもの

私たちは、社会を一致させるべき価値を喪失してきた。豊かさからなのか、それとも貧しさからなのか、それはわからない。皮肉なもので、SNSでつながろうとすればするほど、さまざまな声にかき消され、一致は遠ざかる。

人々には、つながりたいという強い望みがあるのに、どこに集まったらいいのかわからずにいる。共鳴できる価値を失ったからだ。そこに災害がやってきた。人々は一致して、この艱難を乗り越えようと力を合わせた。そこで私たちは、互いに支え合うという価値を思い起こした。そしてその価値は、社会においてこそ、もっと共有されるべきだった。

あなたのなかにも、「社会のなかで苦しむ人々と、もっと一致できたら」という思いがあるだろう。それがあなたを行動に駆り立てる。では彼らと、どうしたらもっと共鳴できるのだろう？

社会とは誰を指すのか？

社会を形づくるのは市民。しかし、実際に社会をコントロールしているのは、限られた組織に属する、力ある人々だ。政府、政治家、政党、官僚、資産家、投資家、マスコミ…そして彼らを支持する派閥組織が「社会」なのだ。

この社会が、人々のつながろうとする価値や希望を打ち砕いてきたことに、気づいているだろうか？　津波や原発災害だけではない。戦争、広島・長崎の原爆被害、沖縄の内戦とその後

の統治…これらの記憶も、いつか風前の灯となってしまう。彼らの経験を全体の痛みとして共有するまで、人々は、一致して乗り越える価値を見出せないからだ。

あなたは、すべてのソーシャルワーカーが、もう一度、つながろうとする強い意識をもてると信じるか？ それとも不可能だと思うか？ もしあなたが、つながりを強く求めるなら、あなたの理想や現実、そして葛藤は、個人の悩みではなく、「私たち」全体のものとなる。

▶ クライエントのために

震災の語り部は、何のために、誰に語るのか？

　私たちが、「あの日」の記憶を語り続けるのは、つらい過去を忘れるためなのか？ それとも、忘れたくないから？ あるいは、失われた人々を弔うため？ それとも自分自身を弔っているのか？

　私たちのなかに、語らずにはいられない心の声がある。それは、私たちがしまい込んだ悲しみか、それとも失われた人々の訴えなのか…。

　そう考えるとき、クライエントには、私自身、私たち、そして、同じ経験をするだろう人々、それを支える人々…大きなコミュニティが視野に入ってくる。

語ることは、後に続く人のため

　語らなくては、いつかは、ないものになってしまう。それは耐え難いことだ。最初、語ることは、自分たちのためだったかもしれない。悲しみを誰かにわかってもらいたかったのだ。

　しかし続けるなかで、新たな意味を見出せるようになった。それは、私たちに続くかもしれない人々のため、そして、彼らを支えようとする支援者のためなのだ。

語りは記憶に残り、価値へとつながる

　聴いてくれた人々は、さまざまな反応をした。静かに目を閉じる人、涙を流す人、手を握り合う人…もちろん撮影に忙しく、聴いていない人もいた。それでも何かを残したい。

　「テレビやネットの映像でしか見たことがなかった…」。

　「話を聴いて、その状況が目の前に浮かび、すべての言葉を失った」。

　「私はちゃんと記憶しておき、自分の子どもたちに伝えるつもりだ」。

　「1人」の記憶に何かが残るなら、それはきっと時を経て、語り継がれていく。災害は必ず起こる。そのとき、何をすればいいのか思い出してほしい。そのとき、互いに支え合うべき価値を、必ず取り戻してほしい。

真のコミュニティをどう築くのか

　語り続けることで、残したいもの、つくりたいものがある。だから語り続ける。その先には、互いに支え合うという価値をもう一度、取り戻すこと、その価値に人々がつながること、そして、真のコミュニティを築くことがある。これらは少しずつ実現している。

　私たちは、新たに被災した地があれば、ボランティアに出向く。彼らから助けてもらった恩に報いたいからだ。
　「助けてもらったことを決して忘れない」。
　「今度は、私たちが助ける」。
　「次は、一緒に助けに行こう」。
　困難をわかち合い、互いに支え合うという価値のもとに集まる―そんなコミュニティをつくれている実感がある。

　災害は、不幸なことだ。しかしその災害によって、固い絆を取り戻そうとしていることも確かだ。

「社会的な力」からクライエントをどう守るのか？

　社会は、市民を守るより、コントロールすることに忙しい。だから不正義はますます増えていく。それもまた災害だ。そうした力からクライエントを守るために、私たちは「同じ経験の共有」から、共鳴できる価値をつくり、そこにクライエントやソーシャルワーカーを集めたい。

ネット社会との向き合い方

　いい意味でも悪い意味でも、ネット社会を避けては通れない。人々に経験を語り、それを広く共有するには、テクノロジーは助けになる。しかし、同時に、匿名による誹謗中傷も覚悟しなくてはならない。私たちはおそらく彼らとは戦わない。
　私たちを応援してくれる、仮想のコミュニティは大いに歓迎する。ただ、真の仲間になるには、同じ原体験を共有するしかないと思う。

戦い続ける「あなた」へ

　未解決の葛藤は、個人の内面だけに限らない。不正義な社会には、実に多くの葛藤が隠されている。それらを解放することは、1人ではできない。つながりたいと望む人々や支援者が、経験を通して、共鳴できる共通の価値を築き、そこに一致して集合する必要がある。それを古い言葉では「連帯」と呼ぶ。

　そのような言葉を聞くと、危険な思想というイメージを抱く人がいるかもしれない。しかし、あなたが想像する以上に、社会をコントロールする人々は、見えないところで、鎖のように連帯し、多くの富を独占していることを忘れてはならない。そして彼らが、ソーシャルワーカーの価値に、戦いを挑んでいるということも。

　1人ひとりの足の爪の痛みを、身体全体で感じた、あなたの体験を、いつの日かわかち合ってほしい。そこから、ソーシャルワーカーの新しいつながりができる。そう私は確信している。

北原から「あなた」へ

ソーシャルワーカーが、「人間の尊厳」や「社会正義」という価値に立ち戻るなら、混迷する社会と戦い続ける強さが得られる。

> 自分自身のために ▶

完璧な人生を送ってきたとはいえない

　特別よい人間でもなかったし、間違いもたくさんしてきた。そんな自分がクライエントの前に座っていた。依存症で苦しむ若者だった。彼の話を聴きながら思った。「一歩間違えば、自分は確実に、この机の向こう側にいた」。そして彼もまた、こちら側に座り、私を覗き込んだかもしれない。

　ソーシャルワーカーとクライエントは、ほんの一歩の違いだけのような気がする。あの日、若者は、昔の私のように話した。「人を助ける仕事っていいですね…いつか自分もなってみたいな」。

　あなたとクライエントの違いは、人生においては、ほんの数ミリかもしれない。あなたはクライエントになるかもしれないし、クライエントは、あなたのようになるかもしれない。

セカンドチャンスは、この国にはなかった

　決められたレールの上を、ただ歩くのが嫌だった。やりたいことがあった。だから自分で決めた道をまっすぐに進んでみた。精一杯、頑張り続けたけれど、うまくいかなかった。

　諦めて、真っ当に生きようとしたとき、喜んで迎えてくれる人はいなかった。仕事を探すために、今はもう見かけることもない電話ボックスから番号をプッシュした。必死で自分の気持ちを伝えたけれど、話すら聴いてもらえず、いきなり「ガチャ」と切られた。この国では、一度うまくいかなかった者には、セカンドチャンスはないと知った。

　私がソーシャルワーカーを目指したのは、あらゆる人に、セカンドチャンスをつくりたかったから。あなたは、どんな理由でソーシャルワーカーになりたかったのだろう？

小さな決意

　あの日、電話ボックスにうずくまるように座り込み、声を押し殺して泣いた。悔しかった。

自分の人生をかけて努力した年月が、簡単に否定されたのだから。

　電話ボックスを出たとき、夜はまだ始まったばかりだった。月明りの道を歩きながら、小さな決意をした。「私は人を偏り見ることは決してしない」。たとえ相手が病気でも、障がいがあっても、一文なしでも、あらゆる問題に道を塞がれていたとしても…。

　ずっと後になって、私があの夜、決意したことは、ソーシャルワーカーが信じる「人間の尊厳」という価値だと知った。

障がい者たちとの出会い

　アジアを旅していた頃、障がいのある人々と出会った。彼らは、私の人生のあらゆる傷を癒してくれた。ゆったりとした時のなかで、「自分らしく生きるとは、どういうことなのか？」何度も考え、その答えを心に刻み込んだ。

　十分な衣食住やサービスが受けられていたわけではない。むしろ劣悪な環境だった。けれども彼らは、底抜けに明るかった。雄大な自然のなかで、同じ時代を生きているという実感があった。そのとき「障がいって何だろう？」という疑問が頭をよぎった。

　本当の障がいは、心身機能の問題というより、力のある人間が、意図的につくり出す不正義だと知った。だからソーシャルワーカーは、「社会正義を尊ぶ」という価値をずっと受け継いでいくべきだと私は思う。

真っすぐに生きようとするなら「戦い」は避けられない

　日本の社会は、新自由主義路線を突き進み、格差が深刻化している。その結果、富める者はさらに富み、貧しい者はそこから抜け出せずに苦しんでいる。子どもたちは偏差値教育のなかで競争を強いられ、落ちこぼれた子どもたちは、行き止まりの溝にはまり込んでいる。

　大人たちは、忍び寄る貧困の影に怯え、生活を守るために奮闘している。非正規雇用の比率は高まり、ワーキングプアという見えない貧困が蔓延、ひとり親家庭の生活は窮乏し、セーフティネットから抜け落ちる者も増えている。

　あなたも、クライエントも、このような社会のなかにいる。この場所で真っすぐに生きようとするなら「戦い」は避けられない。しかしあなたの戦いを、ほかのソーシャルワーカーたちも一緒に戦っている。そのことを、多くの人に知ってもらえたら、孤独な道にも日が差し込むだろう。

7

北原から「あなた」へ

受け入れてくれる居場所

「アパートに入ればいい、先のこともあるし」。

そう説得しても、曖昧な笑いではぐらかす。

「先って何だろうね？　今日、飯にありつけることしか考えてないから…」。

　友部は、痩せた顔に眼だけが鋭い。おにぎりを渡しても、最初は受け取らなかった。数か月かかったが、今では、少しずつ言葉を交わせるようになってきた。

　川の土手から少し離れた茂みの住処は、拾い集めてきたもので自活できる環境だった。「会社での失敗、解雇、アルコール、借金…。転落の人生は、ここでは珍しくない」。そう話す友部にとって、ここは、自分を受け入れてくれる居場所なのだ。

共同体感覚という時代性

「でもさ…俺らの時代、まだ終わりにできないよ」。

そう声をかけたとミーティングで話すと、若いスタッフは、いつものように笑う。

「北原さんたちにとって、『時代』ってそんなに大切なんすか？」。

「同じ時代を生きてきた仲間が、路上で寝てるのって、悲しくないか？」。

少し沈黙があり、別の者が口を開く。

「それって…いわゆる『共同体感覚』ってやつですよね？」。

共同体感覚は、センチメンタルな感情に過ぎないのか？

　共同体感覚こそ、今の日本に欠けていることじゃないのか？　同じ時代を生きている者としての、つながりがないから、人々は悲惨なほど孤立している。

　お金や働く場所だけじゃ、人は生きていけない。誰かとつながり、「一緒に生きているんだ！」という仲間を増やさないと。それがないから、生活保護につなげても、みんなまた路上に戻ってくる。国がいう共生社会など幻だ。どこにそんなものがあるのか？　都合のよい言葉に惑わされてはいけない。

真の自己決定とは

　満員電車を降りた北原は、歩道橋に立ち、通り過ぎる車のライトを見つめる。

「友部は、生活保護を受けた時期もあったが、今は受けていない…元々折り合いが悪い親族に、迷惑をかけたくない気持ちが強いのだ。だからといって、外で寝させるわけにもいかない。た

とえ彼が望んだとしても…」。

「自己決定だからしょうがない」という考えもある。でも、そんなのはきれいごとじゃないか？誰が路上で寝たいだろう？　自分の仲間なら、放っておかないだろう。

昼間の友部の言葉が頭をよぎる。
「北原さんは、なんで大学の先生、辞めちゃったの？」。
「所詮、きれいごとの世界さ…理想を語っている間、俺たちの世代が路上で暮らしている…」。
「団塊ジュニアの生き方だな…それで理想は手に入ったのか？」。

説得から自己決定を引き出し、利益の優先にたどり着く

生活保護をもう一度申請し、アパートに入るよう、何度でも友部を説得する。その根底には、「人間の尊厳」や「社会正義」への強いこだわりがある。
「戦時中でもないのに、なぜ人が、外で寝ないといけないのか、それを自己責任だとする社会は、真っ当じゃない」。

自己決定と利益の優先は葛藤を生み出すが、何が真の自己決定かは慎重であるべきだ。明確な「ノー」がないなら、「イエス」を勧めることを譲りたくない。強い説得から真の望みを引き出す。これは価値の押しつけではなく、尊厳を守るための「綱引き」なのだ。

ソーシャルワーカーとクライエントが真剣に対峙するなら、双方の価値は激しくぶつかり合う。表面上の言葉だけを自己決定と決め込み、劣悪な環境を放置することは、真の自己決定ではない！

友部の本音

「妻やきょうだいたちに迷惑がかかるから…難しいかな」。
「気にしなきゃいいのさ…ところで、別れた奥さんは、今でも連絡、とってるのか？」。
「嫌いで別れたわけじゃあないから…そこだけが救いだよ」。
「なあ友部、もう一度、アパートに入ろう。そして、その先のこと一緒に考えよう」。

　この社会では、どんなに誠実で可能性にあふれ、志の高い人であっても、平等な機会を得られず、道が塞がれてしまうことがある。権利が守られ、能力が認められ、努力して働けば、夢が実現できる社会は遠ざかりつつある。

　しかし、誠実な人々に機会を提供し、その夢を応援し続け、いつか「人間の尊厳」や「社会正義」という価値を実現できたなら、それを誇りに思うだろう。

　社会はますます、孤立と排除、そして分断へと向かう。今ほど、共同体感覚が必要な時代はほかにない。そのことを、どうかわかってほしい。

　いつの日か、あなたが、この時代を生きる人々の間に、どのようなつながりをつくることができたのか尋ねたい。その日を、私たちの世代は見られないかもしれないが、私たちの育てた世代が、それを見届けてくれるだろう。

おわりに

　本書には7人のソーシャルワーカーが登場し、皆さんの理解を助けてくれた。彼らは実在するのか？　それとも架空の存在か？　あなたはどう感じただろう？

　執筆に入るにあたり、私はあらゆる世代のソーシャルワーカーと語り合った。彼らの現実の姿が、私の選んだ7人のなかに投影されていることを伝えておきたい。

　執筆は「理想と現実」から書き始めることだけを決めていた。まず原島を選び、彼女の語りに耳を傾け、記録し始めた。そして、その語りは村井へと託された。そうやって、ただひたすら彼らに「何を語りたいのか？」と尋ね、聴くままに記録を続けた。

　1部を書いているとき、「2部はどうなるのだろう？」という気持ちが頭をよぎったが、7人のソーシャルワーカーを信頼することに決めた。やがて1部が終わる頃、2部をどのように書くのか理解できた。しかし3部は全く見えなかった。不安になり、2部が終わる前に3部の下書きを始めたが、実際は、全く違う方向へと進んでいった。

　このような執筆方法は、経験した者にしかわからない。しかし読んでいただければわかるのだが、7人のソーシャルワーカーは、確かに語っている。だから読者の皆さんは、彼らの語りに思いを向けてほしい。そうすることで、皆さんの時間は特別なものとなるだろう。

　毎朝5時半に起きて1時間、散策しながら、「何を書くべきか？」問い続けた日々を思い起こす。2020年、春、田んぼに植えられた稲は、夏が過ぎ、秋に刈り入れられ1年が終わった。翌春、また稲が植えられ、その刈り入れも終わり、これから晩秋を迎えようとしている。こうした自然の変化に勇気づけられながら、本書は完成した。

　最後に、この本を、愛する伴侶に捧げることをお許し願いたい。彼女は、40年以上傍らにいて、私を支えてくれた。その彼女の病状が悪化し、執筆中、障害者手帳を取得するに至ったことは痛恨の極みだった。完成を楽しみにしている彼女に、ようやく本書をプレゼントできることを、私個人のささやかな喜びとしたい。

　私は今も、理想と現実の狭間で苦しんでいる。だからこそ、苦しむ人々のことを、前よりも理解できるようになった。

川村隆彦

著者紹介

川村 隆彦（かわむら・たかひこ）
ニューヨーク州立大学大学院修士課程修了（Master of Social Work）
エスティーム教育研究所代表　http://try-on.work/
神奈川県立保健福祉大学所属

[主著]
『ソーシャルワーク倫理ハンドブック』（共著，中央法規出版，1999年）
『価値と倫理を根底に置いたソーシャルワーク演習』（単著，中央法規出版，2002年）
『事例と演習を通して学ぶソーシャルワーク』（単著，中央法規出版，2003年）
『グループワークの実際』＜ソーシャルワーク・スキルシリーズ＞（単著，相川書房，2004年）
『支援者が成長するための50の原則──あなたの心と力を築く物語』（単著，中央法規出版，2006年）
『ソーシャルワーカーの力量を高める理論・アプローチ』（単著，中央法規出版，2011年）
『事例で深めるソーシャルワーク実習』（編著，中央法規出版，2014年）
『保育者だからできるソーシャルワーク──子どもと家族に寄り添うための22のアプローチ』（共著，中央法規出版，2017年）

ソーシャルワーカーが葛藤を乗り越える
10のエッセンス

2021年12月30日　発行

著　者 ——— 川村 隆彦

発行者 ——— 荘村 明彦
発行所 ——— 中央法規出版株式会社
　　　　　　〒110-0016　東京都台東区台東3-29-1　中央法規ビル
　　　　　　TEL 03-6387-3196
　　　　　　https://www.chuohoki.co.jp/

装幀・本文デザイン ——— 株式会社デジカル
装幀・本文イラスト ——— 成島実優

印刷・製本 ——— 新津印刷株式会社

ISBN978-4-8058-8410-2